轨道交通电气化概论

杨中平　吴命利　主编

中国铁道出版社

2013年·北京

内 容 简 介

本书为轨道交通电气化相关教材，全书共 6 个章节。第 1 章介绍了轨道交通发展概况，包括世界轨道交通发展概况以及我国轨道交通发展概况，同时介绍了轨道牵引电气化的发展概况。第 2 章介绍了直流牵引供电系统中的城市轨道交通供电系统、直流牵引变电所及直流牵引网等内容。第 3 章介绍了交流牵引供电系统的基本概述、交流牵引网、变电所、电力供电系统及电力调度自动化系统等内容。第 4 章介绍了刚性接触网、柔性接触网及受流等内容。第 5 章介绍了轨道交通电力牵引传动系统、列车辅助供电系统及列车网络控制等内容。第 6 章介绍了信号系统中信号系统概述及作用、轨道电路、计算机联锁、调度集中等相关内容。

图书在版编目（CIP）数据

轨道交通电气化概论/杨中平，吴命利主编．—北京：中国铁道出版社，2013. 8

ISBN 978-7-113-17007-3

Ⅰ．①轨…　Ⅱ．①杨…　②吴…　Ⅲ．①电气化铁道-电气系统-概论　Ⅳ．①U22

中国版本图书馆 CIP 数据核字（2013）第 162023 号

书　　名：轨道交通电气化概论
作　　者：杨中平　吴命利　主编

责任编辑：黄　璐　王风雨　　**电话：**010-51873138　　**电子信箱：**tdpress@126. com
封面设计：郑春鹏
责任校对：马　丽
责任印制：陆　宁

出版发行：中国铁道出版社（100054，北京市西城区右安门西街 8 号）
网　　址：http：//www. tdpress. com
印　　刷：北京精彩雅恒印刷有限公司
版　　次：2013 年 8 月第 1 版　2013 年 8 月第 1 次印刷
开　　本：700 mm×1000 mm　1/16　印张：12. 75　字数：164 千
书　　号：ISBN 978-7-113-17007-3
定　　价：43. 00 元

前　言

近年，我国干线铁路和城市轨道交通发展十分迅速，有力地推动了国民经济的快速增长，极大地方便了人们的出行，并以其建设速度快、规模大、新技术应用多而受到国内外的广泛关注。以干线铁路为例，在运营里程方面，到2012年年底，我国干线铁路营业里程已达98 000 km，居世界第二位。其中，高速铁路里程达到9 356 km，在全球拥有高速铁路的14个国家或地区中，起步较晚的我国拥有的里程已跃居世界第一位。根据《铁路“十二五”发展规划》，到2015年，我国铁路营业里程将达120 000 km，其中，高速铁路将达到12 000 km。在技术方面，“和谐号”大功率交流电力机车、“和谐号”CRH系列动车组、基于GSM-R无线通信的CTCS-3级列车运行控制系统等已成功投入应用，多条300～350 km/h速度等级、世界一流水准的高速铁路的成功开通，标志着我国轨道交通技术已达到一个崭新的水平。与此同时，我国的城市轨道交通也正处于蓬勃发展的时期，截止到2012年12月31日，我国内地共有17个城市拥有64条投入运营的城市轨道交通线路，线路里程达 2 102 km。目前，我国已拥有普通地铁、直线电机地铁、独轨交通、现代有轨电车等多种交通制式，在技术上呈现出多样化。

随着我国轨道交通的持续快速发展，国家需要培养大量的专业技术和管理人才来适应这种发展形势。轨道交通是由工务工程、牵引供电、列车、列车运行控制、运营调度、客运服务等多个子系统组成的一个庞大复杂的现代化系统，并融合了土木、机械、材料、电气、电子、计算机、通信、控制等学科的高新技术。目前，我国已有很多针对轨道交通的工务工程、牵引供电等子系统技术的专业书籍出版，然而，就我们知道的范围，还少有针对轨道交通中某学科技术介绍的书籍。“电气”作为轨道交通的一个重要学科方向，几乎在轨道交通的各子系统中都有应用。为了让轨道交通专业的在校学生、科研人员以及管理人员对轨道交通电气化有一个全面的、初步的了解和认识，我们组织编写了这本《轨道交通电气化概论》。

全书共由 6 章组成。

第 1 章《绪论》介绍了电气化铁道的发展历程，并简述了其中的关键技术的演变过程。

第 2 章《直流牵引供电系统》主要结合我国城市轨道交通，阐述直流牵引供电系统的构成和原理。

同直流牵引供电系统相比，交流牵引供电系统具有供电电压高、传输功率大的特点，在干线电气化铁道得到广泛应用。第 3 章《交流牵引供电系统》主要结合我国电气化铁道技术现状，介绍了交流牵引供电系统的构成和原理。

作为牵引供电系统的重要组成部分，接触网承担着向列车传输电能的作用，第 4 章《接触网》先简要介绍了接触网的工作特点及基本要求，然后对接触网和受流装置的构成及原理作了详细说明。

第 5 章《轨道交通机车车辆》首先介绍了轨道交通机车车辆的分类及组成，在此基础上重点阐述了其中的电力牵引传动系统、辅助供电系统、列车网络控制系统的功能及结构原理。

第 6 章《信号系统》首先介绍了信号系统的基本概念与发展，其次对轨道电路、计算机联锁、调度集中等关键子系统的构成与原理作了进行了说明，最后对我国城市轨道交通的信号系统以及我国高速铁路列车运行控制系统作了简明介绍。

本书由北京交通大学电气工程学院杨中平、吴命利组织编写，各章节的具体执笔分工是：第 1 章由曾国宏编写；第 2 章由吴命利编写；第 3 章第 3.3 节由李腾编写，其余章节由吴命利编写；第 4 章由刘文正编写；第 5 章第 5.1 节由吴健编写，第 5 章第 5.2 节由曾国宏编写，第 5 章第 5.3 节由刘建强编写，第 5 章第 5.4 节由黄彧编写；第 6 章由曹源编写。全书由杨中平统稿，并由刘建强完成文字修改和图表的录入整理工作。

作为轨道交通电气化的一本入门书，为了易于读者理解书中内容，我们尽量避免用复杂的数学公式，而是力图通过浅显的文字和图片来说明相关内容。然而，由于我们的学识有限，错误与遗漏之处在所难免，我们殷切地期待读者的批评、指正。

编者

2013 年 7 月

目　录

3 交流牵引供电系统

4 接触网

5　轨道交通机车车辆

6　信号系统

轨道交通电气化概述

从木质轨道到钢铁轨道、从马拉车辆到万吨列车、从蒸汽机车到高速动车，轨道交通的发展经历了近两百年的历史。自从世界第一条铁路正式运营至今，轨道交通技术不断发展，机车功率和速度纪录被不断刷新，形式各异的轨道交通列车为我们的生活提供了便捷的出行条件。轨道交通的兴起和发展的过程，是人类社会对交通运输安全、经济、舒适、快速、重载等目标不断追求的过程，也是科学技术发展成果在轨道交通运输领域推广应用的过程。回顾轨道交通发展的历史，有助于我们形成对轨道交通的发展过程、目前状况和发展趋势的初步认识。本章将通过电气化铁路的发展历程和当前状况的描述，介绍其中的关键技术和发展历程，呈现轨道交通电气化的全貌，相关的技术细节将在后续各章中详细阐述。

1.1 轨道交通发展概况

1.1.1 世界轨道交通发展概况

1. 蒸汽机车的诞生和英国铁路的发展

早在13世纪，英国实验科学先驱罗吉尔·培根曾经预言过：“在将来，马车不用马拉，并会以难以置信的速度飞驰”。尽管这个预言在当时被看成是“异端邪说”，但随着特里维西克造出世界上第一台蒸汽机车，这个大胆而新颖的设想终于开始了实践的过程并逐步成为现实。

16 世纪中叶的英国，人们用木头铺设两条平行的轨道，马匹拉着小车在上面行驶，以便更为容易地运送煤炭和矿石。由于木质轨道磨损大、不耐用，1767 年出现了生铁做的轨道，才有了“铁路”的称谓。19 世纪初形成了实用的轨道方案，即把铁轨钉在枕木上以分散总量，再将枕木铺在碎石道床上，不仅可以均匀地将重量分散到路基上，还可以防止枕木移动、缓冲车辆运行的冲击，方便调整轨道高度和线路维护，这样的“马车铁路”使运输效率得到了一定的提高。

18 世纪中叶，英国人詹姆斯·瓦特（James Watt）改良了蒸汽机，推动了人类从手工劳动向大规模机器生产的重大转变，随后工业革命由英国传播到整个欧洲大陆，19 世纪传播到北美地区。工业革命大大提高了劳动效率，采矿、冶炼、纺织、化工、机械制造等工业相继出现，并由此带动了煤炭、矿石、钢铁、纺织品等原材料和制成品的大规模、长距离运输，同时还推动了城市化和人口向城市的转移。在这样的背景下，各种传统的运输工具，如马车、牛车、人力车、木帆船等，已远远满足不了大规模人员和货物运输快速增长的迫切要求，尤其是牵引动力方面的制约，这促使人们发展更大容量、更加快捷的新型运输方式。因此，铁路运输在英国出现具有历史的必然性，一方面是科学技术的发展，另一方面是工业革命的迫切需求，同时，铁路的发展提高了运输效率，进一步促进了工业革命的深入和科学技术的进步。

18 世纪后半叶，蒸汽机已得到了普遍的应用，许多富有创新精神的人开始了将蒸汽机用于运输牵引的探索和尝试。1804 年，英国人理查德·特里维西克（Richard Trevithick）制成了世界第一台在铁轨上行驶的蒸汽机车，总质量为 5 t，每小时可拉 10 多吨的货物行驶 8 km，如图 1-1 所示。这种机车运行过程中排出大量的烟雾和蒸汽，因而一开始就有了“火车”这个称谓，并且沿用至今——尽管现代的机车早已远离了“火”源。早期的机车本身很重，同时还必须搭载大量的水和煤，所以在载重量上和速度上都不如马拉的轨道车辆，然而它却是现代轨道交通发展的起点。

1825 年，在英格兰东北部建成了当时世界最长的铁路——全长 32 km 的斯托克顿—达林顿（Stockton-Darlington）铁路。斯蒂芬森(George Stephenson) 参与了轨道的设计和改进，并于 9 月 27 日亲自驾驶自己设计的“动力”1 号机车，满载 550 名乘客从达林顿出发，以 24 km/h 的速度成功完成了首次运行试验，由此被人们尊称为“蒸汽机车之父”。1829 年斯蒂芬森又研制了 45 km/h 的“火箭号”蒸汽机车(图1-2)，并开创了自己的公司，向包括英国在内的欧洲国家及美国提供高性能的蒸汽机车。

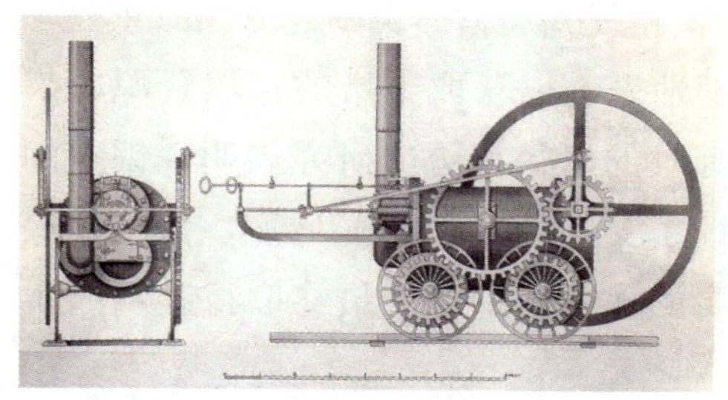

图 1-1 特里维西克的蒸汽机车草图

图 1-2 斯蒂芬森的“火箭号”蒸汽机车

1830 年，英国第一条城际铁路，也是世界首条复线客运铁路，全长 56 km 的利物浦—曼彻斯特铁路建成并投入商业运行。包括标准轨距（1 435 mm，即 4 英尺 8.5 英寸）、左手行车、行车信号、车钩连接等诸多制式由此开始设立并在世界范围推广。铁路迅速、便利、经济等诸多优点得到了人们的认可，同时钢铁产量的大幅提高，为英国铁路的高速发展提供了条件，在随后短短的 20 年时间里，英国就建成了近 1.2 万 km 的铁路；到 1890 年形成了总长达 3.2 万 km 的铁路网。

在英国首条铁路的成功运营和示范效应的带动下，其他国家也相继开始兴建铁路，使其在很短的时间内在世界范围内得到推广，其中首条铁路通车的国家及通车时间见表 1-1。

表 1-1　各国首条铁路通车年份

开通年份	国名	开通年份	国名	开通年份	国名
1825	英国	1837	俄国	1851	巴西
1830	美国	1838	奥地利	1853	印度
1832	法国	1839	荷兰	1854	澳大利亚
1835	比利时	1839	意大利	1855	埃及
1835	德国	1844	瑞士	1872	日本
1836	加拿大	1848	西班牙	1876	中国

2. 美国和欧洲轨道交通的大规模建设

美国于 1830 年建成了从巴尔的摩到俄亥俄的全长 21 km 的铁路，到 1850 年已有 1.45 万 km 左右的铁路投入运营。美国北方当时正处于工业化的发展初期，亟待开发西部地区，以获取丰富的自然资源并解放劳动力，而发展铁路运输是最有效的途径。历史研究表明，铁路的建设在美国经济成长的过程中发挥了关键性的作用。另外，铁路运输在美国的南北战争中也发挥了重要的作用，是北方最终取得胜利的主要因素之一。

从 1850～1910 年的 60 年间，美国共修筑了 37 万余 km 的铁路，平均每年筑路 6 000 余 km。1916 年，美国铁路总里程达到了历史最高峰——40.8 万 km，构成了美国特有的多线平行的路网结构。图 1-3 所示为美国铁路网的分布情况，图 1-4 所示为美国在 1830～1920 年期间铁路累计里程的增长情况（单位：千英里，1 千英里＝1 609.3 km）。

法国于 1827 年在里昂附近建成了一条长 21 km 的圣艾蒂安—昂德雷济约铁路，用于矿山与港口之间的煤炭运输。最初利用列车的自重下行，用马匹牵引空车上行。在此基础上，1832 年开通了圣艾蒂安—里昂之间的客运线路，第一次采用蒸汽机车牵引。截止到 1842 年的 15 年时间里，法国仅修建了 569 km 的铁路，但铁路的优越性在此期间已逐渐被政府和民众所接受。这一年，法国政府通过了给私人公司参与铁路建设提供补贴的法案，法国铁路从此进入快速发展期。1850 年铁路里程达到了 3 000 km，1872 年增长到 17 340 km，1914 年第一次世

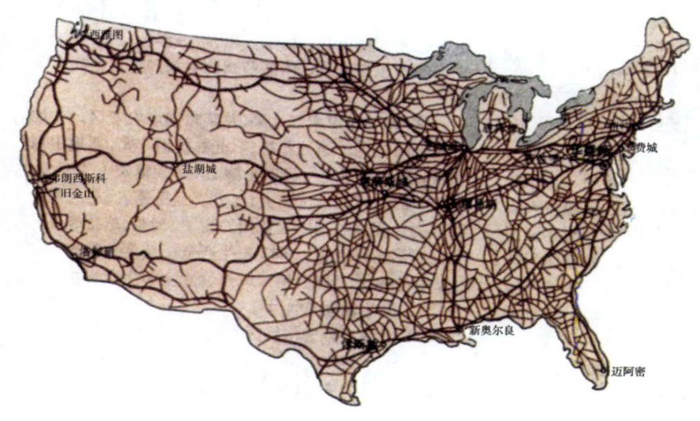

图 1-3 美国铁路网分布及早期建设历程

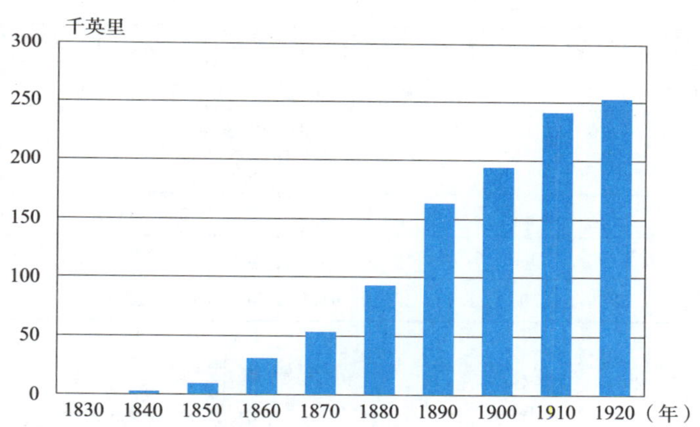

图 1-4 美国 1830～1920 年铁路里程增长情况

界大战前达到了 40 000 km。

德国于 1835 年 12 月 7 日首次在巴伐利亚州纽伦堡—菲尔特的铁路上使用斯蒂芬森公司生产的蒸汽机车，1845 年铁路里程达到了 2 000 km，10 年后增加到 8 000 km，1890 年达到了 50 000 km。与法国的发展模式不同，德国铁路建设一直以国有化为主，并以工业化为目标。

俄国于 1837 年建成了圣彼得堡—沙皇村（普希金市）之间 17 km 的铁路；1851 年建成了第一条总长 649.7 km 的圣彼得堡—莫斯科干线铁路，并形成了 1 524 mm 的俄国轨距标准。1861 年农奴制被废除，为铁路的发展提供了劳动力、市场和需求。1880 年俄国铁路总里程达到了 23 000 km，1900 年增长到 56 000 km。从 1891 年开始，出于对西伯利亚和亚洲其他地区的战略和政治利益考虑，俄罗斯倾注了大量的财力、物力（远超过同期的军费开支），修建了从莫斯科—符拉迪沃斯托克（海参崴）的西伯利亚大铁路，这条全长 9 288 km 的世界最长铁路直到 1916 年才全部完工，铁路总里程达到了 85 400 km，排在美国之后列世界第二位。

到 20 世纪 20 年代，欧美各国铁路的建设先后达到巅峰，占全球铁路总里程的 79.4%，具体数据见表 1-2。

表 1-2 世界各地区 1840～1922 年铁路总里程变化情况 （单位：万 km）

地区	1840	1850	1860	1870	1880	1890	1900	1910	1916	1922	比例
欧洲	0.34	2.40	5.26	10.57	16.89	22.30	27.81	31.78	33.95	35.01	29.56%
美洲	0.56	1.59	5.48	9.40	17.55	33.23	40.30	52.72	58.76	59.24	49.87%
亚洲	—	—	0.13	0.80	1.69	3.50	6.61	11.83	13.35	14.81	12.47%
非洲	—	—	0.06	0.19	0.48	0.95	2.02	3.69	4.82	4.95	4.17%
澳洲	—	—	0.04	0.18	0.79	1.89	2.40	3.10	3.64	4.74	3.99%
总计	0.90	3.99	10.97	21.14	37.40	61.87	79.14	103.12	114.52	118.75	—

3. 世界轨道交通发展趋势——高速和重载

从 20 世纪 20 年代开始，由于铁路建设及运输需求逐渐饱和，同时航空运输的发展及公路运输的普及对铁路运输形成了强有力的竞争，欧美国家铁路建设速度逐渐趋缓或停止，铁路客货运量的比重日益降低，很多铁路无利可图、亏损严重，甚至在一些国家铁路被看做是“夕阳产业”。从 20 世纪 50 年代开始，不少国家不得不将铁路收归国有，并持续封闭和拆除线路，缩减运营里程，以降低运营成本。例如美国铁路总里程已从巅峰时期的接近 41 万 km，减少到 2012 年的 22.3 万 km，缩减了 45%；英国缩减的比例更高，从接近 3.9 万 km 减少到 1.7 万 km，缩减了 56%；法国铁路里程从 1938 年的巅峰 6.48 万 km 减少到 2010 年的 3.14 万 km，缩减了 51.5%。

20 世纪 60 年代末开始，尤其是 70 年代中期的世界石油危机后，因为铁路能源消耗较飞机、汽车低，噪声污染较小，运输能力大，安全可靠，作为陆上运输的骨干地位被重新确认。除美国、加拿大仍以传统的内燃牵引为主外，很多国家都确定以电力牵引为发展方向，先进技术被广泛采用，例如牵引动力变革、集装箱运输、通信信号改进、轨道结构加强，以及管理自动化等，高速铁路和重载运输成为重点发展的方向。

1964 年日本建成了从东京到大阪的东海道新干线，最高时速 210 km，实现了与航空竞争的预期目标，客运量不断增加，利润逐年提高。高速铁路为亏损严重的资本主义国家的铁路提供了一种解脱困境的出路。于是从 20 世纪 60 年代开始，很多发达国家纷纷兴建新线和改建旧线，以满足 250～300 km/h 的速度要求。1981 年 9 月，法国巴黎—里昂之间的 TGV（法语“高速列车”的缩写）开始运营，打败了巴黎—里昂的航空运输业并很快盈利，仅用 10 年的时间就完全收回了建设成本，还在 1990 年 5 月 18 日创造了 515.3 km/h 的世界试验纪录，2007 年 4 月 3 日再次将该纪录提高到 574.8 km/h。

铁路的重载列车发展很快，牵引吨数都在 6 000 t 以上，很多超过了 10 000 t。美国、加拿大、澳大利亚等国，采用同型车辆固定编组，循环运转于装卸点之间，称为单元重载列车。俄罗斯除积极发展重载列车外，还大量开行两列甚至三列合并运行的组合列车，在不需要普遍延长站线的情况下，提高铁路的输送能力。

1.1.2 我国轨道交通发展概况

在欧美开展轰轰烈烈的资产阶级革命和工业化时期，中国还处于封建社会。受当时社会形态和生产力发展水平的制约，从统治者到普通百姓，都还没有认识到铁路运输的必要性和重要性，甚至将其视为会破坏风水的妖物而加以拒绝。西方国家出于自身的利益考虑，多次试图说服清政府修建铁路，甚至在没能得到许可的情况下，英、美等国合谋，背着清政府于 1876 年 7 月擅自修建了总长 14.5 km 的中国第一条营业铁路——上海吴淞铁路（也称淞沪铁路）。这段铁路遭到了清政府的强烈反对，而且铁路的修建损害了当地群众的切身利益，因此在运营 3 个月后即被清政府以 28.5 万两白银收购，并于 1877 年 12 月全部拆除。

随着人们认识的提高和洋务运动的开展，为了将开平煤矿的煤运至港口，在洋务派的坚持下，中国自建的第一条铁路——唐胥铁路终于在 1881 年 5～11 月建成，自唐山至胥各庄（今唐山市丰南区），全长 9.7 km，现为北京至沈阳铁路的一段。该线路的轨距为 1 435 mm（标准轨距），采用 15 kg/m 钢轨。建成伊始，清政府以机车行驶震及皇帝陵园为由，只准许以骡马曳引车辆，直到 1882 年才改用“龙”号蒸汽机车牵引。

1905 年 9 月，清政府委派詹天佑为京张铁路总工程师，开工修建自北京丰台柳村，经居庸关、八达岭、河北的沙城、宣化至张家口的京张铁路。该铁路全长约 200 km，是首条不使用外国人员，由中国人自行建设完成并投入营运的干线铁路，标志着中国铁路建设的一次飞跃。

京张铁路工程异常艰难，以至于外国人得知中国自办京张铁路的消息后，讽刺说建造这条铁路的中国工程师恐怕还未出世。以詹天佑为首的工程技术人员克服重重困难，采用了诸多独特的技术，于 1909 年 8 月 11 日建成，10 月 2 日通车，提前两年完成了国际公认的“工程艰巨的铁路”，而且建造成本比预算的白银 700 万两节省了 200 万两。其中，青龙桥车站的“人”字形铁路、长达 1 092 m 的八达岭隧道、200 m 的怀来钢架结构大桥，都载入了中国铁路的史册。

为满足铁路建设和管理的需要，清政府于 1896 年 5 月开办了山海关北洋铁路官学堂，1909 年 9 月在北京府右街成立铁路管理传习所，经过百年的延续和变迁，如今已发展成为两所著名的高等学府——西南交通大学和北京交通大学。

自 1881 年唐胥铁路建成至 1911 年清政府垮台的 30 多年时间里，全国共建成铁路 9 000 km，包括京奉、滨绥、长滨、长大、安奉、京汉、京张、津浦、胶济、正太、汴洛、沪宁、沪杭、株萍、潮汕、广九、滇越等线路。

从清政府末期到 1949 年国民党政府垮台的 38 年期间，整个铁路事业发展缓慢。从 1928 年至 1937 年“七·七事变”的 10 年间，国民政府在关内仅修建铁路 3 600 km；东北三省的地方当局从 1928 年至 1931 年“九·一八”事变仅修建铁路 900 km。抗战期间，国民政府在西南、西北大后方勉强修建铁路 1 900 km。日本侵华期间，利用掠夺的巨额资财和中国劳工，在东北修建铁路 5 700 km，在华北、华中和华南等沦陷区修建铁路 900 km。到中华人民共和国成立前夕，全国只有铁路 2 万余 km，能够维持通车的仅有 1 万多 km，主要分布在东北和沿海地区。

新中国成立以后，铁路进入了统一、高效的快速发展阶段，在 1952 至 1957 年的“一五”期间，就建成了成渝、宝成、兰新、黎湛、蓝烟、鹰厦、萧穿等干支线 6 100 km。1980 年底，铁路总里程达到了 50 000 km，基本形成了全国铁路网骨架；2000 年底，铁路总里程达到了 70 000 km，位居亚洲首位；2009 年，铁路总里程达到了 86 000 km；2011 年底铁路总里程达到 93 000 km，2012 年底我国干线铁路总营业里程已达 98 000 km。

在这 60 余年的铁路发展过程中，有下列具有里程碑意义的大事：

1952 年 7 月，经过三年的艰苦建设，全长 504 km 的成渝铁路全线建成通车，这是新中国成立后建设的第一条铁路。

1957 年建成了长江上第一座铁路桥——武汉长江大桥。

1958 年宝成铁路开通，这是中国的第一条电气化铁路。

1970 年 7 月，全长1 100 km的西南重要干线——成（都）昆（明）铁路建成通车。

1983 年，中国第一条双线电气化铁路——（北）京秦（皇岛）铁路建成通车。

1992 年，中国第一条重载列车线路——大（同）秦（皇岛）铁路全线贯通，它也是第一条实现微机化调度集中系统线路、第一条采用全线光纤通信系统的线路，技术达到了国际水平。

1994 年，中国第一条准高速铁路——广（州）深（圳）铁路建成通车。

1996 年 9 月 1 日，全长 2 553 km 的京九铁路建成通车，北起北京西客站，跨越京、津、冀、鲁、豫、皖、鄂、赣、粤 9 省市，成为中国第二条南北大通道。

1997 年 4 月 1 日开始，铁路第一次大提速，京广、京沪、京哈三大干线最高速度达 140 km/h，平均旅行速度 90 km/h。随后从 1998 年 10 月 1 日、2000 年 10 月 21 日、2001 年 10 月 21 日、2004 年 4 月 18 日、2007 年 4 月 18 日开始，先后又进行了第二～第六次大范围、大幅度的速度提升。

2006 年 7 月 1 日，世界上海拔最高、线路里程最长的高原铁路——全长 1 956 km 的青藏铁路提前一年建成通车。

2008 年 7 月京津城际铁路开通运行，试验速度达到了 398.4 km/h，运营速度 350 km/h，使北京到天津的旅行时间缩短到了 30 min。津京城际铁路是中国第一条具有世界一流水平的高速铁路。

2009 年 12 月 26 日，全长 1 068 km 的武广高速铁路投入运营，使武汉至广州的旅行时间缩短到 3 h。

2011 年 6 月 30 日，历时 3 年，全长 1 318 km 的京沪高铁建成通车，运营速度高达 250～350 km/h，使北京到上海的旅行时间缩短到 4 h 48 min。在系统联调和综合试验中，由中国南车集团研制的“和谐号” CRH_{380A} 型高速动车组创造了国内最高 486.1 km/h 的试验速度纪录。

2012 年 12 月 26 日，京广铁路客运专线（简称“京广高铁”）全线开通运营。北起首都北京，南到广州，经过河北、河南、湖北、湖南、广东 5 省，全程 2 298 km，是世界上运营里程最长的高速铁路。该线路设计速度为 300 km/h，使北京—广州的旅行时间缩短至 8 h 左右。它是我国“四纵四横”客运专线网的一部分，形成了与京广铁路并行、纵贯我国南北、辐射范围最广的快速客运通道，实现了京广铁路通道的客货分离。

目前，我国铁路已覆盖了全部的省、自治区和直辖市，已形成了“八纵”（京沪、京哈、沿海、京九、京广、大湛、包柳、兰昆）和“八横”（京兰藏、煤运北、煤运南、陆桥、宁西、沿江、沪昆成、西南出海）的铁路运输通道，一个横贯东西、沟通南北、干支结合的具有相当规模的铁路运输网络已经形成并逐步趋于完善。

截止到 2011 年底，我国铁路营业里程达到了 93 000 km（复线占 42.4%），居世界第二位，其中电气化里程 46 000 km，居世界第一位；机车拥有量达到 1.96 万台（其中内燃机车占 53.6%、电力机车占 46.4%），客车拥有量 5.28 万辆，货车保有量 64.95 万辆。年旅客发送量 18.62 亿人次，旅客周转量 9 612.29 亿人公里（占全国旅客周转量的 30.88%左右、公路 54.24%、民航 14.64%、水运 0.24%）；年货运总发送量 39.32 亿吨，货运总周转量 29 465.79 亿吨公里（占全国货物周转量的 18.88%、公路 32.87%、水运 48.14%、民航 0.11%）。

1.1.3 我国铁路发展蓝图

2004 年 1 月，国务院常务会议讨论通过了《中长期铁路网规划》，制订了我国铁路截至 2020 年的建设蓝图。2008 年 10 月 31 日，调整后的中长期铁路网规划经国家批准正式颁布实施。规划提出了实现客货分线、完善路网布局、提升既有能力、推进技术创新的发展路线。规划的制订考虑了以下 5 个原则：

（1）统筹考虑与其他运输方式及能源等相关行业的发展，通道布局、运力分配与公路、民航、水运、管道等规划有机衔接；

（2）能力紧张的繁忙干线实现客货分线，经济发达的人口稠密地区发展城际快速客运系统；

(3) 加强各大经济区之间的连接，协调点线能力，使客货流主要通道畅通无阻；

(4) 增加路网密度，扩大路网覆盖面，为经济持续发展、国土开发和国防建设创造有利条件；

(5) 提高铁路装备国产化水平，大力推进装备国产化工作。

到 2020 年，铁路营业里程将达到 12 万 km，其中客运专线 1.6 万 km；主要繁忙干线实现客货分线，复线率和电化率分别达到 50% 和 60% 以上，运输能力满足国民经济和社会发展需要，主要技术装备达到或接近国际先进水平。

在路网布局方面，形成西部地区铁路网骨架，同时完善中东部铁路网结构，提高对东西部地区经济适应能力。远期规划建设新线约 4.1 万 km，形成西北、西南进出境国际铁路通道，西北至华北新通道，西北至西南新通道，新疆至青海、西藏的便捷通道，完善西部地区和东中部铁路网络，改变西部地区路网稀疏、运能严重不足、与东中部的联络能力差的状况。

在客运方面，建立省会城市及大中城市间的快速客运通道，以及环渤海地区、长江三角洲地区、珠江三角洲地区 3 个城际快速客运系统。快速客运网络建成后，北京、上海、武汉、广州、西安、成都等中心城市，与邻近省会城市将形成 1～2 h 的交通圈；北京到上海 4 h，到广州为 6.5 h，到昆明 8 h，到乌鲁木齐为 11 个 h，到哈尔滨为 5 h。到 2020 年，将建成"四纵四横"铁路快速客运通道以及 3 个区域性城际快速客运系统（环渤海地区、长江三角洲地区、珠江三角洲地区），客车速度目标值达到 200 km/h 以上。

在铁路快速客运通道中，"四纵"是指京沪、京港、京哈、杭福深（东南沿海）等 4 个客运专线；"四横"是指徐兰、沪昆、青太、沪汉蓉等 4 个客运专线。这些客运专线所包含的线路中有小部分为Ⅰ级铁路，而并非一般意义的"高速铁路"。

"四纵"客运专线方面，京沪专线的京沪高铁及合蚌支线目前已经全部投入运营；京港专线的京广高铁及广深高铁已投入运营，深港段将于2015年开通，届时将形成全长2 350 km的世界最长高速铁路客运专线；京哈专线的哈大客运专线已于2012年12月1日开始运营，盘营客运专线将于2013年底开通，京沈高铁预计2015年底投入运营，届时全长1 700 km的京哈高铁将全线贯通；杭福深专线（东南沿海客运专线）的杭州—厦门段已经投入运营，厦门—深圳段将于2013年底通车。

“四横”客运专线方面，徐兰专线的郑州—西安段已于2010年2月投入运营；沪昆专线的上海—杭州段已于2010年10月投入运营；青太专线的青岛—济南、太原—石家庄段已经投入运营；沪汉蓉专线的上海—利川段、重庆—成都段已开通，其中宜万段受地形影响，时速为160 km/h（其余为200～250 km/h），远期将提升至200 km/h。规划中的“四横”专线未开通的路段均已开工建设，预计2017年底前全部建成。

“四纵四横”客运专线的相关信息及目前状况见表1-3。

表1-3 我国客运专线建设一览表 （单位：万 km）

<table>
<tr><th></th><th>专线名称</th><th>区段简称</th><th>起止区段</th><th>线路长度(km)</th><th>设计速度(km/h)</th><th>最短运行时间</th><th>通车时间</th></tr>
<tr><td rowspan="12">四纵</td><td rowspan="2">京沪</td><td>京沪</td><td>北京—上海</td><td>1 318</td><td>300</td><td>4 h 48 min</td><td>2011-06-30</td></tr>
<tr><td>合蚌</td><td>合肥—蚌埠</td><td>130.67</td><td>300</td><td>38 min</td><td>2012-10-16</td></tr>
<tr><td rowspan="6">京港</td><td>京广</td><td>北京—广州</td><td>2 298</td><td>300</td><td>8 h</td><td>2012-12-26</td></tr>
<tr><td>京石</td><td>北京—石家庄</td><td>281</td><td>300</td><td>1 h 07 min</td><td>2012-12-26</td></tr>
<tr><td>石武</td><td>石家庄—武汉</td><td>840.7</td><td>350</td><td>3 h 30 min</td><td>2012-12-26</td></tr>
<tr><td>武广</td><td>武汉—广州</td><td>1 068.8</td><td>300</td><td>3 h 16 min</td><td>2009-12-26</td></tr>
<tr><td>广深</td><td>广州—深圳</td><td>116</td><td>350</td><td>35 min</td><td>2011-12-26</td></tr>
<tr><td>深港</td><td>深圳—香港</td><td>26</td><td>250</td><td>23 min</td><td>2015年底</td></tr>
<tr><td rowspan="4">京哈</td><td>京哈</td><td>北京—哈尔滨</td><td>1 700</td><td>350</td><td>5 h左右</td><td>2015年底</td></tr>
<tr><td>京沈</td><td>北京—沈阳</td><td>709.1</td><td>350</td><td>2 h 18 min</td><td>2015年底</td></tr>
<tr><td>哈大</td><td>哈尔滨—大连</td><td>921</td><td>350</td><td>3 h</td><td>2012-12-01</td></tr>
<tr><td>盘营</td><td>盘锦—营口</td><td>89.4</td><td>350</td><td>—</td><td>2013年底</td></tr>
</table>

续上表

	专线名称	区段简称	起止区段	线路长度(km)	设计速度(km/h)	最短运行时间	通车时间
四纵	杭福深	杭甬	杭州—宁波	149.8	350	53 min	2013-07-01
		甬温	宁波—温州	268	200/250	2 h	2009-09-28
		温福	温州—福州	298.4	200/250	2 h	2009-09-28
		福厦	福州—厦门	273	200/250	1 h 30 min	2010-04-26
		厦深	厦门—深圳	502.4	200/250	3 h 左右	2013 年底
四横	徐兰	郑徐	徐州—郑州	361.9	350	1 h 20 min	2016 年底
		郑西	郑州—西安	505	300	2 h	2010-02-06
		西宝	西安—宝鸡	138.1	350	30 min	2013 年底
		宝兰	宝鸡—兰州	403	250	2 h	2017 年底
	沪昆	沪昆	上海—昆明	2 264	300/350	10 h	2015 年底
		沪杭	上海—杭州	158.8	300	45 min	2010-10-26
		杭长	杭州—长沙	927	350	4 h 左右	2014 年底
		长昆	长沙—昆明	1 138	300	5 h 左右	2015 年底
	青太	胶济	青岛—济南	362.5	160/200	2 h 30 min	2008-12-20
		石济	济南—石家庄	319.4	250	1 h 30 min	2015 年底
		石太	石家庄—太原	225	200	1 h	2009-04-01
	沪汉蓉	沪宁	上海—南京	301	300	1 h 7 min	2010-07-01
		合宁	南京—合肥	166	200/250	1 h 3 min	2008-04-18
		合武	合肥—武汉	359.4	200/250	2 h	2009-04-01
		汉宜	武汉—宜昌	291	200	1 h 40 min	2012-07-01
		宜万	宜昌—万州	377	120/160	4 h 10 min	2010-12-22
		渝利	利川—重庆	264.4	200	1 h 20 min	2013 年底
		遂渝	重庆—遂宁	131	200	1 h 24 min	2012-12-31
		达成	达州—成都	374	200	2 h 36 min	2009-07-07

1.2 轨道牵引电气化发展概况

在轨道交通发展过程中，牵引动力一直是一个关键性的制约因素，是实现经济、快捷、高速、重载运输目标的重要手段。牵引动力经历了蒸汽、内燃和电力三个发展阶段，每个阶段都促成了铁路发展质的飞跃。其中，电力牵引是目前铁路的主要运用模式，涉及电传动机车车辆和电气化铁路供电两个相互协调和制约的方面。本节将从电力牵引的发展历程入手，介绍轨道牵引电气化发展的总体情况及其优点。

1.2.1 电力牵引发展历程

蒸汽机车通过煤的燃烧来加热锅炉内的水，利用一定压力的水蒸气推动气缸内的活塞运动，从而推动机车前进。这一原理决定了蒸汽机车具有一系列固有的弱点，包括燃烧效率低（通常只有 7%左右）、需要耗费大量的煤和水、整备时间长、功率小、运行速度低等。例如，蒸汽机车每万吨公里的周转量需消耗 0.3 t 左右的标准煤。以我国最后生产的 6 轴“前进”型蒸汽机车为例，其构造速度 80 km/h，总效率 8.42%，装煤量 21.5 t，装水量 50 t。

到 19 世纪中后期，欧美资本主义国家经历第一次工业革命后，经济社会发生巨大变革，人们对出行的需求日益增大。特别是随着城市的迅速扩张，城郊到市区的通勤迫切需要加速快、能频繁起停的大容量公共交通工具。当时已广为使用的蒸汽牵引机车显然无法满足要求，而且排烟、排汽问题限制了它在干线铁路长大隧道区段以及城市地下铁路中的应用，这促使人们研究和探索更高效、更快速、更舒适的大功率牵引动力和运行模式，电力机车就是在这样的背景下发展起来的。

电力机车是指从接触网获取电能，用电动机驱动的一种非自带能源的轨道牵引装置，它与牵引供电系统一起，共同构成了电气化轨道牵引系统。电力机车与供电系统这两个部分，既相互制约，又相互促进，共同推动了电气化轨道牵引技术的不断发展和完善。

电气化铁路的供电制式指的是牵引网供电采用的电流种类（直流或交流）和电压等级，可以分为直流制、三相交流制、低频单相交流制和工频单相交流制等，本部分将以供电制式为线索，对电气化轨道牵引系统的发展历程做简要的回顾。

(1) 直流牵引系统

19 世纪，电磁现象的发现及电气理论的不断完善，以电机制造为代表的电气工业的发展，为电力机车的产生提供了条件。1821 年，英国物理学家迈克尔·法拉第（Michael Faraday）发现了载流导体在磁场内受力的现象，1831 年，他又发现了电磁感应定律。1834 年，德籍俄国物理学家雅可比（Moritz Hermann von Jacobi）发明了世界上首台旋转电动机；几乎与此同时，美国技师达文波特（Thomas Davenport）也制成了直流电机。1838 年，雅可比将实用化的直流电动机安装在小船上，用伏打电池供电，驱动小船在聂瓦河上行驶。1835 年，荷兰教授斯特拉廷（Sibrandus Strating）和助手贝克尔（Christopher Becker）两人，试制了以电池供电的两轴小型电动车。1842 年，苏格兰的戴维森（Robert Davidson）制造出一台由 40 组电池供电、自重 5 t 的标准轨距电力机车。1851 年，美国的佩吉（Charles Grafton Page）制作的电动车在铁路线上达到了 30 km/h 的速度。

这些早期的努力并未立即促使电力牵引的商业应用，这主要是由于当时只有电池可以作为电源使用，而电池的供电能力非常有限，大容量电池组太过昂贵。直到直流发电机的出现，才为电力牵引的实际应用铺平了道路。

1860 年，意大利的帕西诺蒂（Antonio Pacinotti）制作了能发出连续电流的直流发电机，并认识到了电机的可逆性，即一台电机输入电流可以获得动力，施加动力可以输出电流。此后几年，英国的惠斯通爵士（Sir Charles Wheatstone）、德国的西门子（Ernst Werner von Siemens）等人对直流发电机进行了改进，使其逐步实用化。到 1873 年，西门子、格拉姆（Zénobe Théophile Gramme，法国发明家）等制作的发电机开始投入市场，用于电报、电解、电镀等方面；电机的可逆性原理也被人们所普遍接受，发电机和电动机的发展合二为一。

1879 年 5 月 31 日，西门子设计的一辆由地面 150 V 直流发电机经第三轨供电的电力机车，在柏林举办的工业博览会上进行了首次运行展示。机车自重约 954 kg，配备了 2.2 kW 的串激式 2 极直流电动机；车辆是 3 节敞开式“客车”，每节车上可乘 6 名乘客。列车在全长 300 m、轨距 1 m 的椭圆形“电气化铁路”上运行，最高速度可达 13 km/h，如图 1-5 所示。该展示系统获得了极大的成功，在 4 个月的展览期间共有 8 万多游客乘坐，在世界范围内引起了人们的广泛关注，为普及电气化铁路这种新型交通方式起到了巨大推动作用。尽管以今天的标准衡量，这套系统只不过相当于游乐场的一个普通娱乐项目的水平，但在电气化铁路发展史上，却具有里程碑的意义，它标志着电气化轨道交通的起点。

图 1-5 出现于 1879 年的世界第一条电气化铁路

电气化铁路在柏林工业博览会上的巨大成功，使其很快被投入商业运行。Siemens-Halske 公司在柏林近郊的利希特菲尔德修建了一条长 2.45 km 的电气化铁路，1881 年 5 月 12 日正式投入运行，这是世界上第一条商业运行的电气化铁路；同年，法国巴黎国际电工展览会上展出了一条长 500 m、用两条架空线供电的电车线路。1883 年，西门子在爱尔兰北部修建了长约 10 km、由第三轨供电的电气化铁路，地面电源起初采用蒸汽动力发电装置，后改用水力发电装置。1885 年，英国伦敦修建了第一条用架空线供电的电车线路，作为市内交通工具；同年，美国的戴夫特（Leo Daft）制作了标准轨距的电力机车，在纽约州的高架铁路上运行。1890 年，伦敦地铁改用电力机车牵引，采用

DC 600 V第三轨供电方式。1893 年，瑞典斯德哥尔摩建成了长 11 km 的电气化铁路，采用 DC 550 V 供电。1895 年，电力机车被运用于美国巴尔的摩铁路隧道区段，采用 675 V 直流供电，机车达到了自重 97 t、功率 1 070 kW 的水平；同年，日本在东京的下京区修建了 6.7 km 的电气化铁路，采用 DC 500 V 供电系统。

与直流牵引电机相对应，牵引供电系统早期也采用了直流制，并且这种制式到目前仍在大量使用。人们在牵引供电系统方面的一个努力的方向，就是提高直流牵引网的电压。这是因为，在机车功率一定的情况下，电压提高意味着电流降低，线路损耗也随着降低，系统效率将大为提高，同时也减少了有色金属的使用量；在同样的线路条件下，供电电压提高意味着线路传输容量和传输距离的提高，从而可减少变电所的数量，简化系统结构。

牵引网的电压提高主要受到直流电机端电压的限制。1915 年以前，主要使用 750 V 及其以下的低压直流制；到 20 世纪 20 年代，随着电机制造技术的发展，出现了 1 200 V 和 1 500 V 的直流制。由于直流串激电机存在换向器等限制性机构，进一步提高电机的端电压存在很大的技术难度，并且将显著降低电机的经济性能。20 世纪 30 年代，通过将机车上的两台电机串联供电的方法，在相同的电机端电压限值条件下，将牵引网的电压提高了一倍，从而出现了 3 000 V 的直流制，在干线铁路中也得到了广泛应用。

（2）交直牵引系统

交流电机技术在 19 世纪末逐渐趋于成熟并在工业领域得到了应用。1824 年，法国人阿拉果（François Arago）首次采用机械方法获得了旋转磁场；1879 年，英国人拜依莱（Walter Bailey）首次用电的方法获得旋转磁场，发明了整流子交流电动机，并证明旋转磁场可以产生机械力；1884 年，英国的霍普金生兄弟（John and Edward Hopkinson）发明了闭合磁路铁芯，匈牙利的齐佩诺夫斯基、布拉堤和德利（Z. B. D.，即 Károly Zipernowsky，Ottó Bláthy and Miksa Déri）发明了闭合磁路的单相变压器；1888年，意大利人弗拉利斯（Galileo Ferraris）和美籍塞尔维亚人特斯拉（Nikola Tesla）几乎同时发明了两相交流感应电动机；1888年，俄国人多利沃·多布罗夫斯基（Mikhail Dolivo-Dobrovolsky）发现三相电流可以产生旋转磁场，并发明了三相同步发电机和电动机，并于1889年发明了三相鼠笼式电动机，1891年发明了三相变压器。

这些早期技术发明和理论创新，为交流制式的推广应用奠定了基础，使得电力的远距离、高效率传输和运用成为可能。到20世纪初，三相交流制已逐步在电力工业中占据了主导地位。

交流制式在电能远距离传输中的灵活性和高效率，非常适合铁路牵引的应用要求。牵引网采用较高的电压输送电能，在电力机车上再利用变压器降压后供给牵引电机使用，就可以提高牵引网的输电能力、降低线路损耗、增加输电距离、减少有色金属使用量，因而具有明显的技术经济优势，解决直流供电系统损耗大、输电距离短的问题。

三相交流供电方案首先在轨道牵引中得到了应用，德国1898年在塔什特至埃格里堡，瑞士1899年在泽巴哈至维提金，意大利1902年在瓦尔切里纳先后修建了三相交流电气化铁路，采用三相感应电动机作为牵引动力，在图1-6中可以看到其应用情况。1903年德国三相交流电气化铁路上还创造了210 km/h的最高速度纪录。

图1-6　三相交流供电的电动车辆

尽管三相牵引系统在德国、瑞士和意大利的试验获得了成功，但由于三相感应电动机的调速控制比较困难，而且三相牵引网结构复杂、受流可靠性低，使得三相牵引供电系统未能得到推广。尽管如此，与直流电动机相比，交流感应电动机结构简单、功率大、故障率低的优点仍然得到了人们的认可。

与三相牵引供电系统相比，单相牵引供电系统只需要一根接触线、一根回流线和一个受电弓就可以解决输电和受流问题，结构简单、可靠性高、经济性能好，更具备发展的优势。然而，受当时技术条件的限制，交流电动机的调速问题未能得到解决，而一种可以同步改变电枢电流和励磁电流方向的特殊形式的直流电机——单相整流子电动机，成了单相交流牵引系统的首选。

受整流子电动机换向性能的制约，交流电源的频率不能太高，因而欧洲和美国分别采用了 15 kV/16⅔ Hz 和 11 kV/25 Hz 的低频单相交流制。由于低频牵引系统的供电频率与电力系统频率的不同，需建设专用的低频发电厂，或采用“工频电动—低频发电”机组，以解决该系统的能源供给问题。另外，单相整流子电机本身的机械和电气性能也存在缺陷，这些因素都制约了该电流制式的大范围推广应用。

1933 年，匈牙利建成了一条 16 kV/50 Hz 的工频单相交流制电气化铁路。通过机车上的牵引变压器将 16 kV 的电压降低后，利用旋转式相频变换装置，将 50 Hz 的单相交流电变换为三相交流，供给 24 极的三相同步电动机，驱动机车前进。机车的调速控制通过改变电机极对数实现，可以得到 25 km/h、50 km/h、75 km/h 和 100 km/h4 种速度。由于机车结构过于复杂，该牵引系统没能得到推广。

1955 年，法国建成了单相交流供电、直流电机牵引的 25 kV/50 Hz单相工频交流牵引系统。来自牵引网的电压经过机车上的变压器降压后，利用汞弧整流管（也称引燃管）整流，将交流转换为直流，供给直流牵引电动机工作，从而摒弃了构造复杂的整流子电动机，解决了单相交流供电系统与直流牵引电动机之间的匹配问题。

单相工频电流制式实现了牵引供电系统与电力系统的频率统一，使电气化铁路可以直接从电力系统获取电能，牵引供电系统的结构和设备大为简化。随着这一技术上的成功突破，工频单相交流制成为电气化铁路发展的主流，轨道牵引电气化进入了快速发展的时期，原来采用直流制的日本、原苏联、英国、印度等国也相继采用了工频单相交流制。我国 1958 年建成的第一条电气化铁路——宝成线的宝鸡至凤州段，就采用了这种当时世界最先进的技术，并且将 25 kV/50 Hz 单相工频交流制确立为我国电气化铁路的标准制式。

20 世纪 60 年代初，大功率硅半导体整流器（功率二极管）取代了引燃管，机车采用了调压开关＋硅整流器的有级调速控制方式。70 年代，晶闸管（可控硅）在机车上得到了应用。利用晶闸管构成相控整流电路，可连续调节直流电动机的供电电压，实现了机车速度的无级调节，并可实现恒速、恒牵引力、恒功率等多种运行控制模式，使机车的整体性能产生了一次质的飞跃。

直到 20 世纪 80 年代，直流串激电动机一直是电气化铁路的主要牵引动力，因为它的机械特性与列车的牵引需求比较吻合，即低速时提供大的牵引力，速度提高时牵引力能相应降低。另外，直流串激电动机调速简单，改变端电压就可实现速度控制，列车更易于操控。在晶闸管普遍应用、整流技术趋于完美的情况下，以单相工频供电、直流电机牵引为特征的交直牵引系统达到了其发展的顶峰。

（3）交—直—交牵引系统

与直流电机相比，交流感应电机没有换向器等辅助机构，结构简单、成本低廉、工作可靠。在相同的体积和质量要求下，交流电机的功率更大；在电机额定功率相同的条件下，交流电机的体积更小、质量更轻。另外，换向器一直是限制电机转速及供电电压的主要因素，而且换向器及电刷都需要定期的维护；交流电机不存在换向器，因而电机的最高转速可以大幅提高，并且几乎不需要特别的维护。因此，将交流感应电机用作轨道牵引的动力，一直是人们梦寐以求的事情，尽管这种尝试在铁路发展的早期曾经失败过。

三相交流感应电机应用于轨道牵引的前提条件，是必须给电机提供一个幅值和频率都可以调整的三相交流电源，并且幅值和频率的调整需要按照某种规律实时进行。这个条件是不可能依靠牵引供电系统的革新来满足的，而必须像交—直牵引系统那样，通过机车上的电能变换环节的创新，实现供电系统与交流牵引电机的协调统一。

20 世纪 70 年代初期，随着大功率半导体器件的发展，变频调速技术的逐步成熟，采用三相感应电动机、快速晶闸管变流器、电流—滑差控制的交流传动系统的内燃机车 DE-2500 终于在德国研制成功。在此基础上，1983 年，世界首批 5 台大功率干线交流传动电力机车 E120（现称 BR120）终于获得了德国联邦铁路的认可，投入运营，其核心是一套由四象限脉冲变流器、中间直流环节、三相逆变器组成的“交—直—交”牵引变流器系统。牵引网的单相交流电压经过机车的牵引变压器降压后，输送给牵引变流器，由牵引变流器实现“单相交流→直流→三相交流”的变换，按照列车的牵引要求改变三相交流电压的幅值和频率，给三相感应电动机供电，驱动整个列车前进。

E120 机车在系统设计、总体布置、参数选择与优化规则、电路结构以及主要部件（包括牵引变压器、变流器、异步牵引电机等）的设计和制造方面，都成功地进行了尝试，确定了当代交流机车设计和运行的基本模式。

“交—直—交”牵引系统不仅能充分发挥交流电动机的优越性，而且融合了最新的技术，使系统获得了许多更为优异的性能，包括：①网侧的四象限脉冲变流器大大减少了对牵引供电系统的谐波污染；②不需要专门的转换机构就可以很方便地实现牵引/制动、向前/向后的控制；③无论是牵引工况，还是制动工况，机车的功率因数都约为 1.0；④运行速度高、牵引功率大，尤其适合轨道交通高速、重载的发展需求。

从德国首批交流电力机车研制成功开始，各国都加强了轨道交通交流传动系统的研究。牵引变流器先后经历了快速晶闸管、GTO 和 IGBT 等发展阶段，先后研究、采用了移相整流控制、四象限脉冲整流控制、磁场定向控制、直接转矩控制等控制策略，使得牵引系统的性能不断提高。经过近 30 年的研发、考核和技术更新，目前已完成了机车车辆由直流传动向交流传动的产业转换，“交—直—交”牵引系统已成为轨道交通发展的主流。

1.2.2 电气化轨道交通现状

电气化铁路经过 120 余年的发展和演变，已成为轨道交通的一种主要运输形式。截止 2010 年，全世界 117 个国家和地区拥有铁路约 120 余万 km，其中有 68 个国家和地区修建了电气化铁路，电气化里程已超过 25 万 km，约占世界铁路总营业里程的 22.5%，承担了铁路总运量的 50%以上。随着牵引技术的发展和电气化铁路的建设，牵引供电系统及轨道牵引动力也经历了不断更迭和发展的过程，各国牵引供电系统制式及电力机车技术逐渐趋向统一。

目前在世界不同国家和地区、不同的应用场合，主要采用三种牵引供电制式，即直流制、单相低频交流制和单相工频交流制。三种制式在电气化铁路总里程中的比例，分别约为 33%、16%和 43%。

直流制主要包括 750 V、1 500 V 和 3 000 V 三种标准制式。其中，750 V 和 1 500 V 主要用于城市轨道交通和运量较小、以客运为主的城际干线铁路；3 000 V 主要用于干线铁路，尤其是在欧洲地区，应用尤为广泛。直流供电系统目前主要采用二极管整流的方式，单方向从电力系统获取能量；采用 IGBT 等大功率全控器件的整流装置目前正处于研究和实验阶段，主要是为了实现机车在制动工况的能量回馈，以进一步提高系统的效率。

直流供电系统适用于城市轨道交通等距离短、负荷轻的应用场合，能够发挥其结构简单、经济性能较好的优势，但如果将其应用到干线铁路上，线路损耗大、效率较低的缺点就会凸显。直流供电系统在欧洲干线铁路上仍在使用，主要是由于电气化铁路发展进程中形成的局面。由于三相感应电机已成为目前牵引电机的主流，直流供电系统早期的应用背景已不复存在，传统意义上的直流牵引系统实际上已演变为“直—交”牵引系统。

15 kV/16⅔ Hz的单相低频交流制在德国、奥地利、瑞士、挪威和瑞典得到了发展和广泛应用，现在还是这些国家的主要牵引制式；11 kV/25 Hz制式在美国曾经得到应用，目前已被淘汰。随着功率半导体技术的发展，直流电机、交流异步电机先后在该制式下使用，整流子电机失去了应用的条件，因而单相低频交流制已没有发展的空间。另一方面，在已形成低频交流制体系的国家，出于经济原因，目前不会对供电系统进行彻底的技术改造，只会吸收牵引传动领域的最新成果，采用低频供电的“交—直—交”牵引传动模式。

单相工频交流制能够与电力系统很好地兼容，只需在铁路沿线每隔30～50 km建设一个牵引变电所，将电力系统的三相110 kV或220 kV降为25 kV，并以单相形式馈送到牵引网上，就可解决机车的供电问题。因此，它是目前所有供电制式中最为简单的一种，除了传统采用单相低频交流制的国家以外，几乎所有的新建干线电气化铁路都采用了50 Hz或60 Hz的单相工频交流制。单相工频制式在50多年的应用中，技术也不断发展和进步。最早采用的是直接供电（TR）方式，随后发展了吸流变压器（BT）供电方式、自耦变压器（AT）供电方式和“直供＋回流”（DN）供电方式。

尽管如此，单相工频交流制目前也还存在一些问题和缺陷，其中最主要的是与电力系统的负荷匹配问题。电力系统采用三相交流制式，而牵引供电系统却采用单相结构，因此，如果不采取特别的措施，牵引供电系统将会引起电力系统三相负荷的严重不平衡，对其运行产生不利的影响。为了解决这个问题，电气化铁路普遍采用了相序轮换的方案，以便将牵引负荷较为均匀地分布到各相上，保持三相负荷的总体平衡。然而，相序轮换方案不仅未能从根本上解决问题，而且还在牵引网上设置了许多分相绝缘区，给机车的平稳、可靠运行带来了隐患。针对这些问题，国内外已取得了一些研究成果，但还没有形成综合解决这方面的妥善方案。

1.2.3 电力牵引的优点

作为一种能量非自给型的牵引方式，电力牵引与内燃牵引相比，具有其独特的优势。从某种意义上来说，电力机车相当于电传动内燃机车的一种特殊形式，即内燃机和发电机置于地面、机车上仅保留牵引电机和传动机构的内燃机车，因此机车的有效重量可以最大限度地用于牵引的目的，故电力机车单位重量的功率比内燃机车大 1 倍左右。除此之外，与内燃机车相比，电力机车还具有下列独特的优点。

电力机车的能量来源于地面的发电装置，因此电力机车的功率不会受到能源供给装置的限制，而只受到线路承载能力和黏着条件的制约，因此电力机车牵引具有功率大、过载能力强、爬坡性能好的优点。

能广泛地、高效率地综合利用各种能源及其发电技术，如水（水电）、煤（火电）、原子能（核电）、风能（风力发电）、太阳能（光伏发电），甚至潮汐和生物能源，因而能量来源有充分保障，不容易受到石油资源枯竭的威胁，系统综合效率高（可达 30%以上）。

由于电气化铁路可直接或间接（主要指直流供电系统）利用 50 Hz 的工频交流电源，因此既有的电力系统输配电线路可以得到充分利用，并且机车可以利用电网回收下坡或制动时的动能。

电力机车运行过程中不存在由于燃料燃烧而产生的废气问题，因而不会对运行的环境造成污染，尤其适合于城市轨道交通领域（轻轨、地铁）及多隧道的干线铁路。

电力机车启动平稳、加速快，能有效缩短旅行时间，这对于高速铁路的发展非常有利。

电力机车构造简单、运营费用低、操作简便、噪声小，有利于改善乘务人员的劳动条件和环境保护。

由于电力机车的这些优点，使得电力机车成为轨道交通的首选动力，轨道牵引电气化是铁路发展的必然趋势。然而，受建设成本和线路综合运营成本的制约，铁路电气化不可能完全实现，而内燃机车由于本身具备原动机，不受外界能量来源的制约，运行更为灵活，因此，电力机车与内燃机车会在很长一段时间内共存。

直流牵引供电系统

电气化铁路比三相交流电力系统出现的要早，早期的电气化铁路全部采用直流电压供电。目前，在世界范围内，城市轨道交通几乎全部采用直流牵引供电系统，也有一些国家的干线电气化铁路采用直流牵引供电系统，供电电压一般为 DC 3 kV，比城市轨道交通大量采用的 DC 1 500 V、DC 750 V 要高。本章主要结合我国城市轨道交通介绍直流牵引供电系统的构成和原理。

2.1 城市轨道交通供电系统概述

2.1.1 供电系统构成

电能具有易于大容量传输的特点，是与人类社会生产和生活关系最密切的能源形式。现代电力工业已经构建了覆盖辽阔地域的电力系统，生产电能的水力、火力、核能等发电厂一般与负荷中心相距甚远，为了增大传输容量和减小线路电压损失、能量损耗，通常在发电厂的输出端接升压变压器，把发电机发出的电能提高到较高的电压等级，然后经过高压电网输送到各地的区域变电所，区域变电所进行降压后，以较低电压向附近各用户供电。随着电力建设事业的不断发展，我国国土上基本形成了以 500 kV 线路为骨架、省间 220 kV 线路为主干通道的四通八达的输变电网络，110 kV 网络逐渐向高压配电网转化。最近几年，我国大力发展 AC 1 000 kV、±DC 800 kV 的特高压输电技术，使我国电力工业走在了世界前列。

城市轨道交通对电能需求相对较大，要求供电可靠性很高，强大的城市电网为城市轨道交通提供了必要的电能保证。城市轨道交通供电系统既可以从区域变电所高压母线取电，也可以从下一级城市中压电网取电，这取决于城市电网和城市轨道交通线路的具体情况。

城市轨道交通供电系统负责向行驶的车辆及沿线用电设备提供动力能源，通常包括高压电源系统、直流牵引供电系统和动力照明系统，如图 2-1 所示。高压电源系统从电力系统接引外部电源，并通过中压电缆网络把电能输送给城市轨道交通沿线的直流牵引变电所和降压变电所；直流牵引供电系统给行驶中的电动车辆提供所需要的电能，它由直流牵引变电所和直流牵引网组成，其中直流牵引变电所负责把三相交流电变换成直流电；动力照明系统为城市轨道交通沿线各车站和区间各类照明、电梯、扶梯、风机、水泵、自动售检票机等动力机械负荷和通信、信号、防灾报警设备等提供电源，它由降压变电所和动力照明配电线路组成。

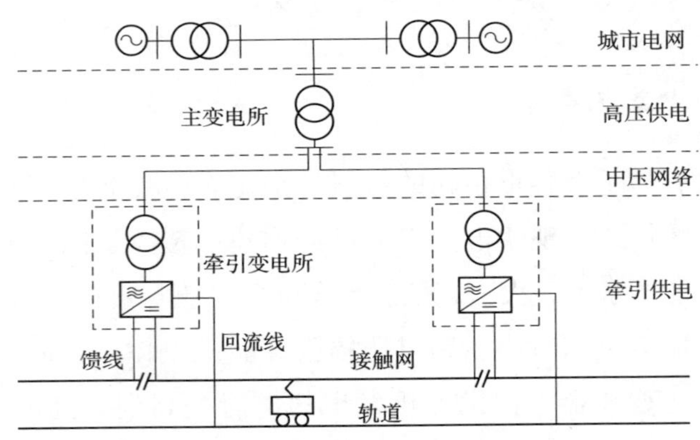

图 2-1　城市轨道交通供电系统

城市轨道交通供电系统中集中设置变压器、整流机组、开关等电气设备的场所称为变电所，一般除接引外部高压电源的主变电所外，主要包括沿线隔一定距离设置的直流牵引变电所、降压变电所，有时把两者合建，构成牵引降压混合变电所。

直流牵引变电所是直流牵引供电系统的关键设施，它使用整流机组将三相中压交流电变成适合电动车辆使用的直流电，通过馈线将直流电送到接触网上。接触网是沿线路架设的特殊供电线路，电动车辆通过受流器与接触网滑动接触而获得电能，轨道构成牵引网电流回路的一部分，回流线将电流从轨道引回牵引变电所。

降压变电所将中压电源降为 380 V/220 V 动力照明电源，一般设置在车站。正常时，城市轨道交通车站及区间工作照明、事故照明均由 380 V/220 V 系统供电，当交流电源失去作用时，事故照明自动切换为蓄电池供电，确保事故期间的紧急照明。

2.1.2 电网向城市轨道交通的供电

城市轨道交通在城市中属于用电容量较大的负荷，并且沿线路走向呈线形分布，通常距离较长。城市电网向城市轨道交通的供电方式要视具体情况而定，目前比较多地采用集中式供电，即，城市轨道交通设置 1～2 个主变电所，由城区变电所以 110 kV 或 220 kV 等级集中供电，沿线的直流牵引变电所和降压变电所则不直接从城市电网获得电能，而是由隶属城市轨道交通的主变电所通过中压电缆网络供电，如图 2-2 所示。为保证供电可靠性，主变电所需有两回独立进线。中压电缆网络的电压等级通常为 35 kV（33 kV）、20 kV 或 10 kV。沿线的每个直流牵引变电所和降压变电所均要保证有两回中压进线，正常运行时，一回工作，另一回备用。

当城区人口密集地区不宜增设主变电所，并且城市中压电网能够满足供电可靠性要求时，根据城市轨道交通供电系统的需要，在沿线直接由城市中压电网引入多路电源，供应给各牵引或降压变电所，这种供电方式为分散式供电，如图 2-3 所示。分散式供电需保证每座牵引变电所和降压变电所能获得双回电源。

实际应用中，有时采用两者的结合，以集中式供电为主，个别区

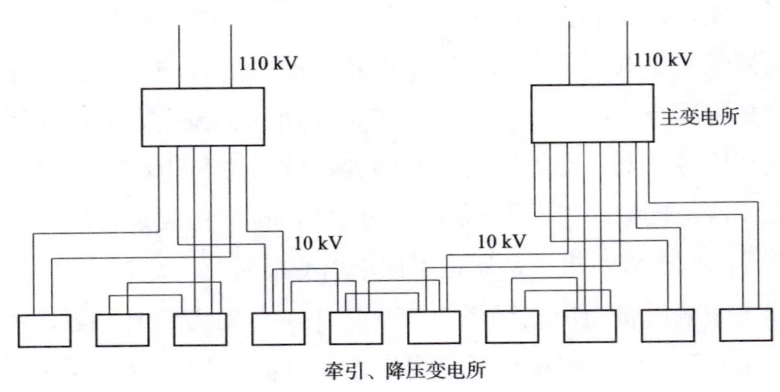

图 2-2 集中供电方式

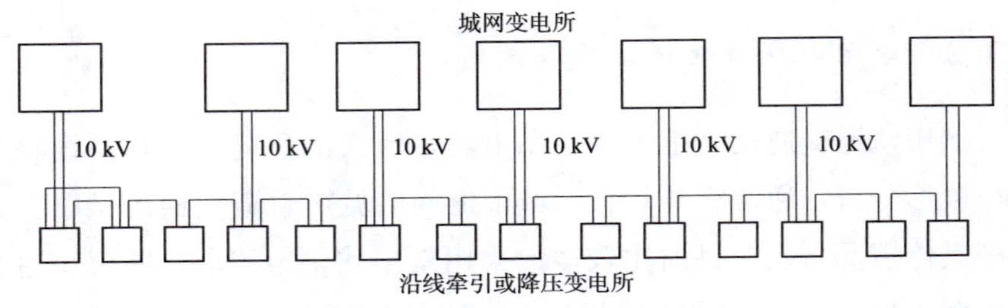

图 2-3 分散供电方式

段的牵引或降压变电所直接引入城市中压电网电源分散式供电作补充，使供电系统更加经济和可靠。

与分散式供电相比，集中式供电有以下好处：

(1) 便于实现整条线路供电系统的集中统一调度和管理。

(2) 施工、维护方便，供电可靠性高，在线路的地下区段，电缆可沿隧道内壁上的支架敷设，在高架区段，电缆可沿线路两侧的支架敷设，不存在另选路径开挖道路的问题，可以节省投资。

(3) 电费计量方便、简单，城市轨道交通运行管理部门与电力部门的电能消耗在主变电所计量就行，不必在各牵引和降压变电所分别计量。

(4) 能有效减少城市轨道交通供电系统对城市电网电能质量的影响，大容量高压电网的谐波承受能力强，牵引负荷引起的网压波动小。

2.1.3 直流供电电压

我国国家标准《城市轨道交通直流牵引供电系统》（GB/T 10411—2005）规定，直流牵引供电系统标称电压采用 750 V 和 1 500 V 两种，其波动范围应符合表 2-1 的规定。

表 2-1 直流牵引供电系统电压

系统标称电压（V）	系统最低电压（V）	系统最高电压（V）
750	500	900
1 500	1 000	1 800

与 DC 750 V 相比，DC 1 500 V 的技术经济性要好些，它能够适应大功率送电需要，可以增加变电所间距，减少有色金属用量，节省投资，能够减少电能损失和运营费用，有利于保证供电电压质量，减少杂散电流。但变电所和车辆电器设备绝缘水平要求高，这部分投资稍大。

我国早期建设的北京地铁、天津地铁等线路，使用了 DC 750 V 供电电压。近些年，上海、广州、深圳等城市修建的城市轨道交通线路普遍采用 DC 1 500 V 供电电压，北京地铁 6 号线、14 号线也采用 DC 1 500 V 供电电压。

2.2 直流牵引变电所

2.2.1 主接线及供电方式

直流牵引变电所从双电源受电，经牵引整流变压器降压、分相后，按一定整流接线方式由大功率硅整流器把三相交流电变换为与牵引网供电电压相对应的直流电，向列车供电。

为保证接触网的电压水平、提高供电可靠性，直流牵引供电系统普遍采用双边供电，如图 2-4 所示，相邻牵引变电所的直流母线通过接触网是电气连通的，线路上行驶的列车同时从两侧变电所取得电能。

图 2-5 为某 DC 1 500 V 牵引变电所的主接线图。直流牵引变电所几乎全部采用室内布置，除整流机组外，主要是一些开关柜，开关柜中的交流断路器和直流快速断路器完成供电系统正常运行时的投切和故障时的分断功能。图 2-6 为直流牵引变电所中的开关柜、直流快速断路器和交流断路器照片图。

城市轨道交通直流牵引变电所，有时常与向车站、区间供电的降压变电所合并，形成牵引降压混合变电所。此时，主电路结构和电气设备与一般的直流牵引变电所相比有所不同。

牵引变电所的位置和整流机组容量，是根据高峰小时的车流密度、车辆编组及车辆型式等技术条件通过牵引计算和供电计算，经过多方案比较后确定的。直流牵引变电所的间距通常仅几千米，并且与干线铁路不同，沿线不设分区所和开闭所。

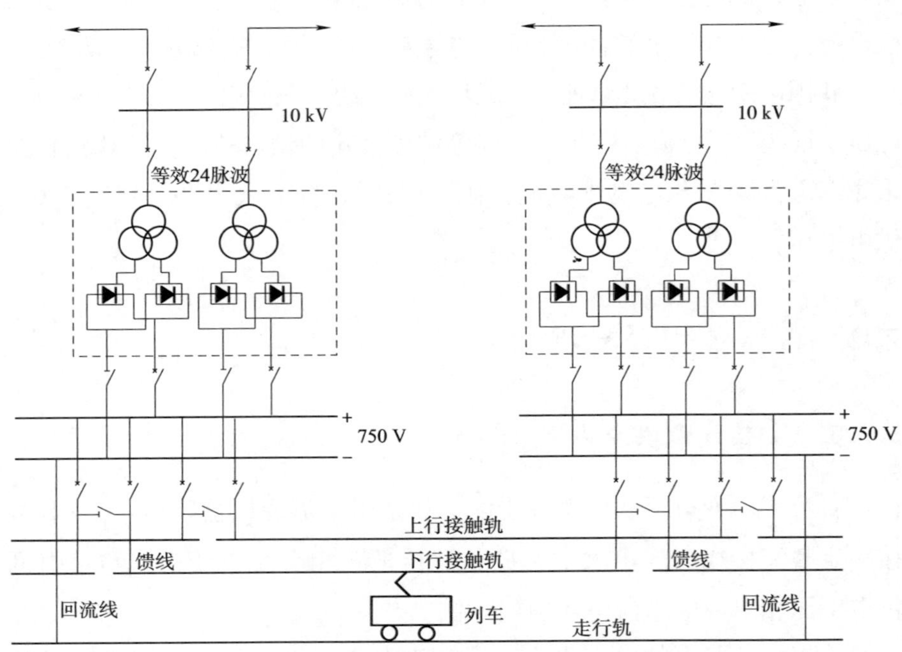

图 2-4　直流牵引供电系统双边供电方式

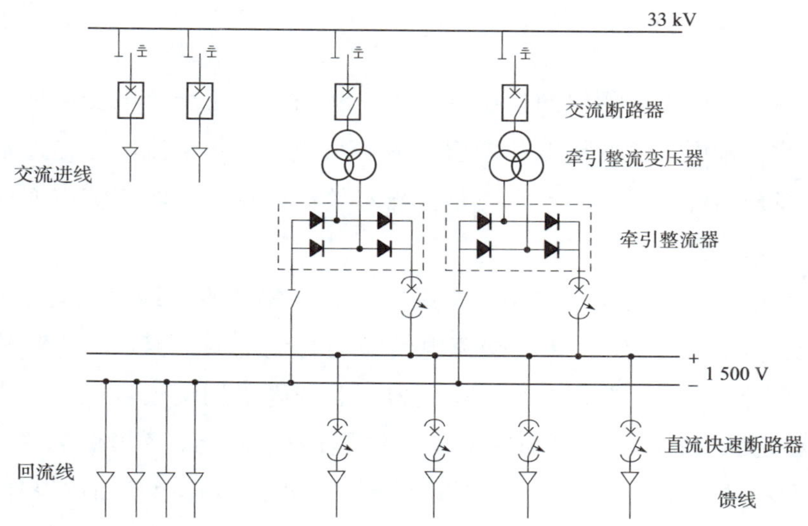

图 2-5 DC 1 500 V 牵引变电所主接线图

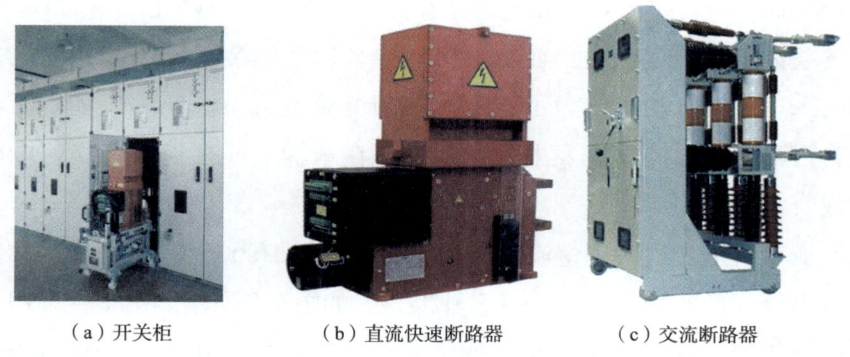

（a）开关柜 （b）直流快速断路器 （c）交流断路器

图 2-6 直流牵引变电所中的开关设备

牵引变电所的容量设置遵循以下原则进行设计：

（1）供电合理，运营方便，满足高峰运营时最大负荷的需要；

（2）系统中任何不相邻的两座牵引变电所故障解列时，靠其相邻牵引变电所的过负荷能力，仍应能保证列车的正常运行，不影响运送客流的能力。

2.2.2 整流机组

直流牵引变电所内的整流机组负责将三相中压交流电变换成直流电，它由牵引整流变压器和牵引整流器组成。三相交流电先经过牵引整流变压器降压，然后经牵引整流器将较低电压的三相交流电变成合适的直流电。

在电能基本转换形式中，交流变直流（AC/DC）最早出现，AC/DC变换电路指能够直接将交流电转换为直流电的电路，泛称整流电路。在19世纪末20世纪初，就电力工业到底采用交流输电还是直流输电的发展技术路线问题曾引发了激烈的争论，最终频率为50 Hz（60 Hz）的三相交流以发电、输电效率高，电压变换容易而取得胜利。到20世纪二、三十年代，三相交流电力系统在全世界范围内都取得了统治地位。此后电网电压等级不断提高，电力工业也得到持续迅速发展。然而，许多用电设备是适宜采用直流电源的，于是完成AC/DC变换的整流装置应运而生。在轨道交通中采用整流装置源于最初的电力牵引采用直流电动机，为了直接从三相交流电力系统获得电能，而不是自己建立专用的直流发电厂，不得不在车辆上或在地面把交流电变换成直流电。

城市轨道交通所用整流机组的功率一般为1 500～6 000 kW，从其完成电能变换的功能来看，有3种形式，如图2-7所示。第1种采用二极管整流器，电能只能从交流变为直流。第2种采用IGBT双向变流器，电能既可以从交流变成直流，也可以从直流逆变成交流，当运行具有再生制动能力的电动车组时，这种整流机组可以把线路上无法消纳的多余再生电能反馈给交流电网。双向变流器采用的可控开关器件利用脉宽调制技术实现了电能双向流动控制、技术上比二极管整流复杂，同样的变换功率，造价要高很多；另外，只要线路运量不是特别小，出现无法消纳再生电能的情况就比较少，这是双向变流器目前未被广泛使用的两个主要原因。第3种为组合式，即二极管整流器为主，再配置 1 个小功率的双向变流器。

我国早期建设的地铁线路一般采用三相桥式 6 脉波整流电路，如图 2-8 所示。随着人们对电能质量问题重视程度的提高，为了减少直流牵引变电所产生的谐波电流对城市电网造成的不良影响，近些年，逐渐提高整流电路的脉波数，广泛采用 12 脉波或等效 24 脉波整流。

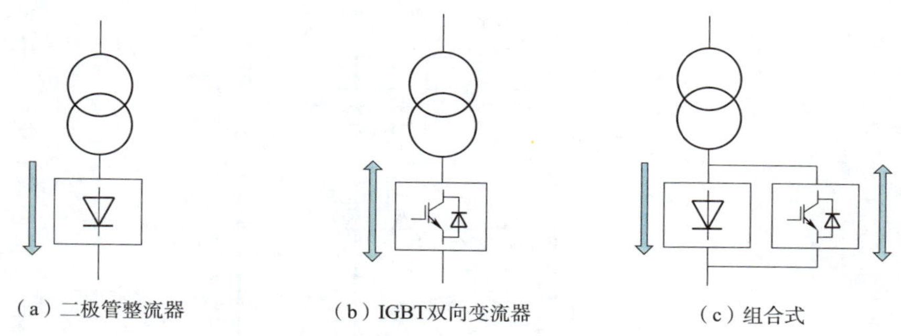

图 2-7 整流机组的不同种类

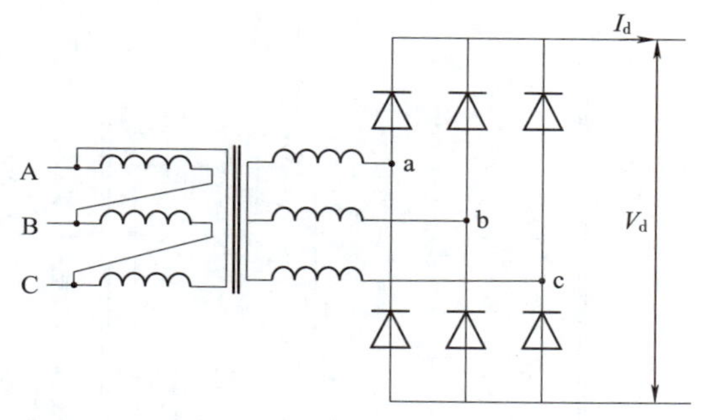

图 2-8 6 脉波整流电路

12 脉波整流机组如图 2-9 所示，牵引整流变压器为三相三绕组变压器，其一次侧绕组为三角形接线，二次侧两个绕组分别为星形和三角形接线，形成 Dy11d0 或 Dy5d0 连接组，从而在二次侧形成 12 脉波整流所需要的互差 30°相位的电压输出。目前我国城市轨道交通所用的 12 脉波整流机组一般采用轴向双分裂式三绕组变压器，二次侧两绕组间漏抗设计的较大，可以不使用平衡电抗器而直接将两个 6 脉波整流器并联。等效 24 脉波整流系统实际上是由两个 12 脉波整流机组并联构成，两个机组的整流变压器网侧绕组分别移相＋7.5°和－7.5°，移相是靠在变压器一次侧三角形绕组上增加延长绕组来实现的，如图 2-10 所示。

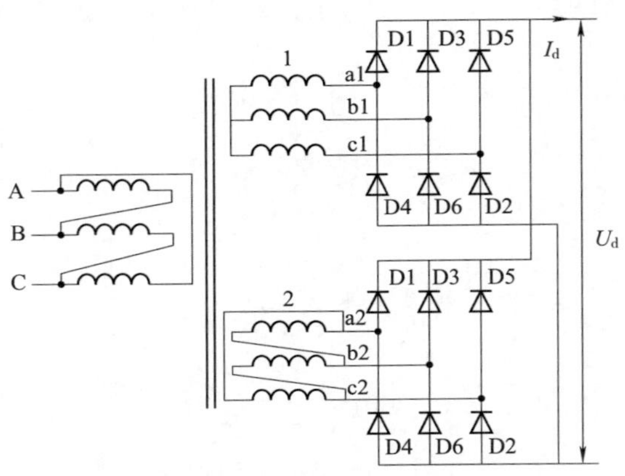

图 2-9　12 脉波整流电路

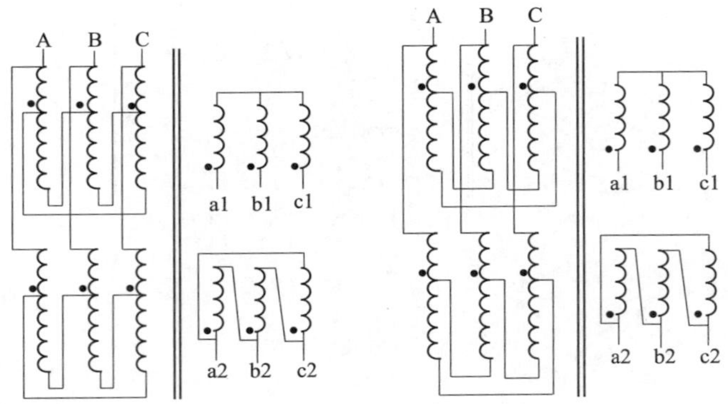

图 2-10　构成等效 24 脉波整流机组的 2 台变压器绕组接线

牵引整流变压器一般采用干式或环氧树脂浇注干式结构，如图 2-11 所示。网侧额定电压对应于中压电缆网络的标称电压，一般为 10 kV、20 kV 或 35 kV；网侧绕组应具有±5%或±2×2.5%的抽头。网侧绕组对阀侧绕组（两阀侧绕组短路时）的短路阻抗 Z_k一般为 8%，左右两阀侧绕组之间的短路阻抗一般为 20%左右。

牵引整流器的每支桥臂通常采用 2～4 只高压二极管并联构成，每个二极管串联熔断器用作保护，每支桥臂上安装电流传感器用以监测电流。在整流器直流侧配置由压敏电阻构成的过压保护电路。牵引整流器通常安装在封闭的金属柜中，如图 2-12 所示。

（a）干式

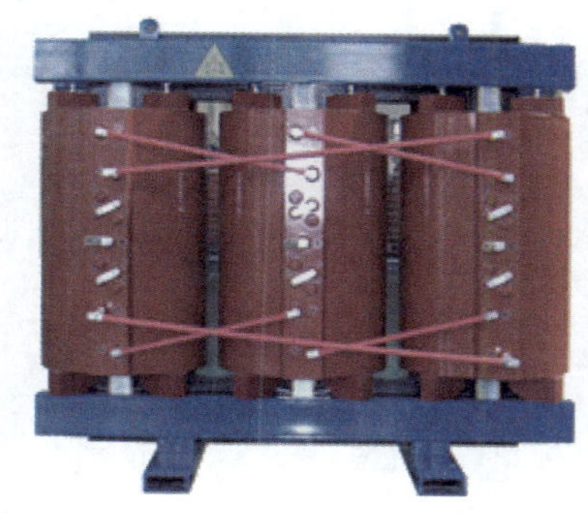

（b）环氧树脂浇注干式

图 2-11　牵引整流变压器

图 2-12　牵引整流器和牵引整流器柜

城市轨道交通列车具有频繁起停的运行特点，再生制动能量通常可达牵引能耗的 20%以上，这一比例随线路不同而有所差异，为了有效利用再生制动能量、减少电能消耗，近些年我国开始研发具有能量回馈功能的整流机组。如 2 000 kW 的能馈式整流机组（原理和实物如图 2-13 和图 2-14 所示）就在广州地铁 4 号线新造车辆段变电所成功进行了运行试验，并在北京地铁 10 号线二期工程的 2 个牵引变电所中投入使用。

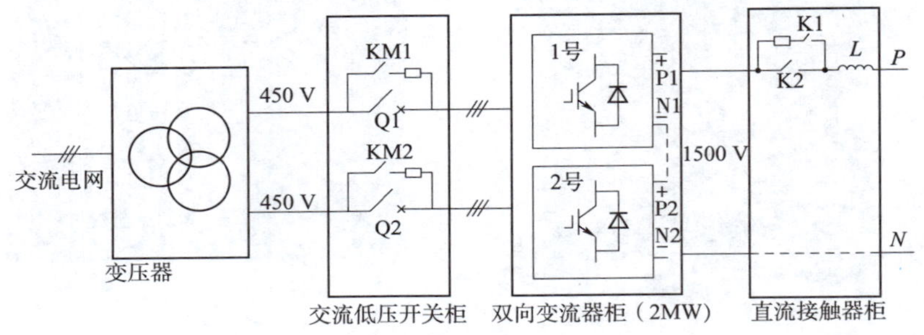

图 2-13　能馈式整流机组

图 2-14　双向变流器

2.2.3 直流馈线保护

直流牵引供电系统中，牵引变电所中的电气设备故障率很低，容易发生故障的是直流接触网。为了在接触网发生短路故障时，避免大电流对供电设备造成的损害，需要尽快切除电源，隔离故障区段，这主要靠直流快速断路器和安装的保护设备来实现，保护设备检测到故障时，向相应馈线的直流快速断路器发出跳闸信号，由直流快速断路器切断电路。

城市轨道交通直流馈线通常设置有如下保护：

（1）大电流脱扣保护

由直流快速断路器的电磁过流脱扣器实现，整定范围是额定电流的1.5～3.0倍。

（2）带时限过电流保护

用于补充直流快速断路器本体保护的不足，扩大保护范围。整定动作值要比大电流脱扣保护小，动作时间稍长。

（3）电流增量保护

目前一般用作牵引网短路的主保护。有两个功能：一是当牵引网发生近距离短路故障时，产生一个电流增量 ΔI，如该值达到整定值，则立即断开直流快速断路器，一般短路电流尚未达到电磁过电流脱扣器的整定值，从而保护整流设备免受大电流冲击；二是当牵引网发生远距离短路故障时，由于回路阻抗较大，电流增量可能达不到整定值，但如电流增长率 $\mathrm{d}i/\mathrm{d}t$ 达到整定值，而且持续时间也达到整定值，则使直流快速断路器跳闸。

（4）双边联跳保护

针对双边供电设置的相邻两牵引变电所的联动保护，故障近端的牵引变电所直流高速开关先跳闸，通过联跳电缆传输脉冲给故障远端的牵引变电所，使向该段牵引网供电的馈线直流快速断路器跳闸，从而断开故障牵引网的所有电源。

(5) 自动重合闸

接触网接地故障很大比例都是瞬时性故障，一旦变电所馈线直流快速断路器跳闸切断电源后，短路点绝缘短时间内就可以自行恢复，如重新合闸则能恢复正常供电，这对减少牵引网停电时间，增加供电可靠性是有利的。为了避免重新合闸到永久性故障上，目前有些线路在重合闸时增加了检测环节，判别故障消失后，才发出重合闸信号。

2.3 直流牵引网

2.3.1 网络构成

牵引网是指由馈电线、接触网、轨道、大地及回流线构成的电网络。

馈电线是连接牵引变电所和接触网的导线，它把经牵引变电所变换出的适合列车使用的电能馈送到接触网上。城市轨道交通的接触网主要有柔性架空接触网、刚性架空接触网、地面接触轨三种形式，这部分将在第 4 章介绍。轨道在非电力牵引情形下主要用于支撑和导向，在电力牵引时，轨道还具有构成牵引回流网络的任务，此外，铁路信号专业也使用两根钢轨构成轨道电路完成断轨和轨道占用的检测。回流线是连接轨道和牵引变电所的导线，通过回流线把轨道中的电流引回牵引变电所。

牵引变电所向牵引网的供电方式有两种，即单边供电和双边供电，如图 2-15 所示。单边供电方式结构简单，但列车在远端时电压水平比较低，供电可靠性不高；双边供电方式能有效地提高牵引网电压，可靠性好，但馈线保护装置的配置和整定较复杂。

牵引供电系统的运行方式有两种，即正常运行方式和任一变电所解列的运行方式，如图 2-16 所示。

(1) 正常运行方式

正线各供电区间，均由相邻牵引变电所双边供电，处于线路两端的车辆段或停车场内接触网由专用牵引变电所单边供电。

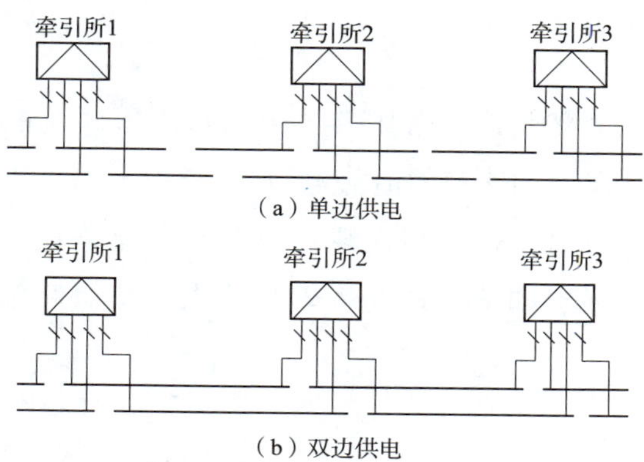

（a）单边供电

（b）双边供电

图 2-15 牵引变电所向牵引网的供电方式

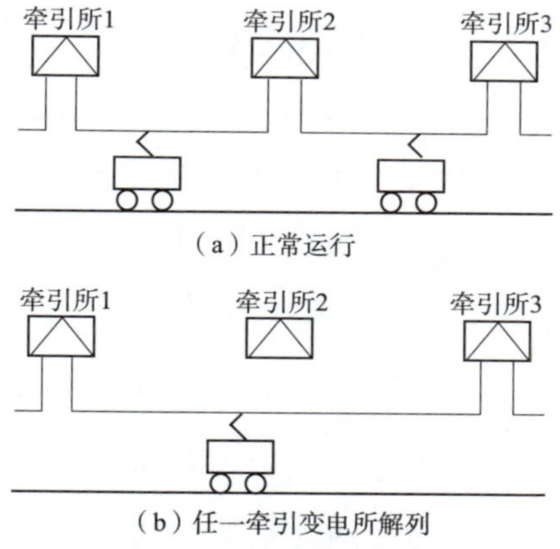

（a）正常运行

（b）任一牵引变电所解列

图 2-16 牵引供电系统的运行方式

（2）任一中间牵引变电所解列时的运行方式

当任一牵引变电所解列（不含线路端头牵引变电所），由相邻变电所越区实现“大双边”供电。

（3）线路端头牵引变电所解列时的运行方式

当线路端头车辆段或停车场专用牵引变电所解列时，由正线牵引变电所通过合上正线与车辆段或停车场接触网分段隔离开关向车辆段或停车场牵引网供电，而车辆段或停车场牵引变电所通常不承担向正线支援的任务。

2.3.2　钢轨电位

我国城市轨道交通普遍采用整体道床，用作回流的走行钢轨对地处于不良绝缘状态，钢轨对地泄漏电阻一般在 5～100 Ω · km 范围。当列车在线路上运行时，大地与钢轨构成并联回流路径，由于存在电流从钢轨向大地的漏出和从大地向钢轨的流入，从而产生钢轨电位，如图 2-17 所示。

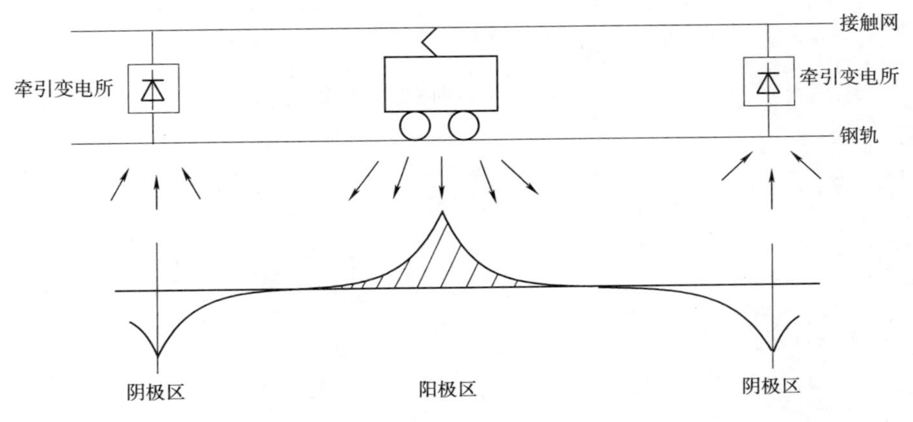

图 2-17　钢轨电位分布

由于直流牵引变电所采用“浮空”供电方式，即正、负极均不接地，当牵引供电系统发生接触网接地等故障时，钢轨与大地之间的电位差会升高。由于列车车体与走行轨可靠接触，当列车停靠车站站台时，车体与站台（可视为与大地相连）之间的电位差过大，将会危及乘客安全。为此，每个车站的走行轨与大地之间应装设一套过电压保护装置（车站短路器）。当走行轨与大地之间的电压超过 90 V 时，自动短路，使危险电压消失，并发出报警信号，2～20 s 后自动断开；若钢轨对地电压继续恢复升高，到 150 V 时，车站短路器再次将钢轨与地短接，发出报警信号，不再自动断开，只能排除故障、恢复正常后，手动将短路器复位。此外，为保证安全起见，一般要求对站台边缘 2 m 宽范围内的站台混凝土地平面层进行绝缘处理，然后再铺花岗石。

2.3.3　杂散电流及其防护

列车在牵引运行状态时，列车位置附近钢轨电位为正，为阳极区；牵引变电所附近钢轨电位为负，为阴极区。从钢轨泄漏至大地的电流，将在地中沿各种金属管线、结构钢筋按电阻最小的路径流通，这部分电流被称为杂散电流，到牵引变电所附近，杂散电流又回到钢轨，通过回流电缆返回负母线。

在杂散电流进结构钢筋的地方，对结构钢筋不产生腐蚀，但在流出结构钢筋的地方，对钢筋产生电化学腐蚀。电化学腐蚀的原理是钢筋与四周土壤中的硅酸盐发生电化学反应，钢筋释放铁离子与周围电解质反应生成其他化合物，从而造成铁材质的损失。直流电流在大地中可以扩散到很远的地方，所以如果不采取防护措施，城市轨道交通的杂散电流会对轨道附近构筑物的结构钢筋造成腐蚀危害。

要想减少从钢轨泄漏至大地的杂散电流，首先要减小钢轨纵向电阻，使回流通畅，如在钢轨接缝处用铜电缆连接，钢轨纵向焊接要满足要求，上下行之间设置均流线等；其次要加大钢轨对地泄漏电阻，如钢轨与轨枕间加绝缘板，采用绝缘扣件，与钢轨连接电缆需对地绝缘等。

若在牵引变电所将结构钢筋或其他可能受到杂散电流腐蚀的金属管线与牵引变电所负母线相连，则流入结构钢筋和金属管线中的杂散电流会沿连线直接流回牵引变电所，从而大大减小了杂散电流从钢筋再向附近大地的扩散，这被称为排流法。早期采用将金属结构与钢轨直接在牵引变电所附近相连，称为直接排流法，后来发展到串联二极管的单向导通排流（图 2-18）、加直流电源的强制排流等。采用排流法时钢轨在牵引变电所附近实际上是接地的，此时沿线钢轨电位将整体上移，从钢轨泄漏至大地的杂散电流总量会增加，这是排流法不利的一面。

减少杂散电流的腐蚀危害要充分利用钢轨下方的道床钢筋作为杂

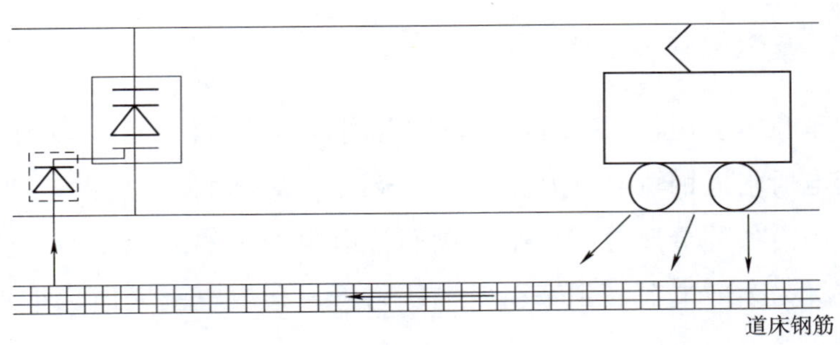

图 2-18　单向导通排流原理图

散电流收集网，当杂散电流泄漏至地下时，首先泄漏至道床钢筋，道床钢筋若纵向形成良好电气通路，则大部分杂散电流沿此通路流向牵引变电所方向，在牵引变电所流出钢筋后至钢轨。剩余的一小部分杂散电流继续泄漏至城市轨道交通线路的隧道、高架桥等结构钢筋，同样若这些结构钢筋纵向形成良好电气通路，则成为杂散电流的第二个流回牵引变电所的电气畅通通路。排流法宜作为后备手段采用，一般在钢轨对地泄漏电阻减少到很小时，才作为救急手段使用。对于处于线路附近的重要金属管线，有必要采取一定的防腐蚀保护措施，一种常用的电保护法是阴极保护，把被保护金属管线连接到一个直流电源负极，而直流电源的正极接到特设的接地极上，接地极可用废旧金属制品。

交流牵引供电系统

同直流牵引供电系统相比，交流牵引供电系统具有供电电压高、传输功率大的特点，在干线电气化铁路得到广泛应用，目前世界上主要有 25 kV 工频（50 Hz 或 60 Hz）单相交流和 15 kV 低频（16⅔ Hz）单相交流两种。我国自 1961 年开通的第一条电气化铁路开始，所建的干线电气化铁路全部采用了 25 kV/50 Hz 的单相交流供电制式。本章主要结合我国电气化铁路技术现状介绍交流牵引供电系统的构成和原理。

3.1　交流牵引供电系统概述

3.1.1　供电系统构成

通常把从三相电力系统接受电能向单相交流电气化铁路行驶的列车输送电能的电气网络称为牵引供电系统，如图 3-1 所示。牵引供电系统主要包括牵引变电所和牵引网，有时也把公用电力系统向牵引变电所供电的专用高压线路包括在内。在我国，以牵引变电所高压进线门形架为界，门形架以外归属电力部门，门形架以内归属铁路部门。牵引变电所的主要作用为电压变换及控制，完成单相牵引网与三相电力系统之间的衔接和电压变换；牵引网则负责向行驶中的列车供给电能。

牵引变电所的选址应充分考虑安全性、经济性和方便性，一般就近设置在车站一端或铁路旁边，如图 3-2 所示。根据线路条件、列车种类和列车密度、牵引网的供电方式等的不同，牵引变电所的间距变化

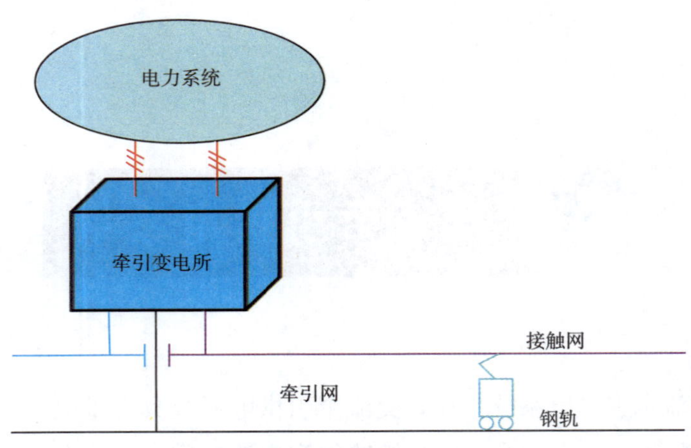

图 3-1 牵引供电系统示意图

图 3-2 牵引变电所全景图

范围很大，一般在 30～80 km。牵引变电所两侧的牵引网区段被称作供电臂。由于同一牵引变电所两侧的供电臂或由不同牵引变电所供电的相邻供电臂的接触网电压在相位上可能不同，通常需在牵引变电所出口处和两相邻牵引变电所中间的分区处设置接触网电分相环节。列车通过电分相时，通常存在一个很短的断电时间，从一相电压过渡到另一相电压。牵引变电所中的核心设备是主变压器，有不同的接线型式，另外还有一些开关设备、防雷设备，以及测量、控制和保护设备等。

电能从牵引变电所经上网馈线送到架设在线路上空的接触网上，供列车取用。一般把由馈线、接触网、轨道和大地等构成的牵引电流流通网络称为牵引网。根据供电方式的不同，牵引网还可能包括其他辅助设施。对带负馈线（也称回流线）的直接供电方式，牵引网还有沿线路平行敷设的负馈线和隔一定距离设置的吸上线。对自耦变压器（AT）供电方式，牵引网还有沿线路平行敷设的正馈线、保护线和隔一定距离设置的自耦变压器等。高速铁路出于降低钢轨电位、实现与信号系统良好电磁兼容的需要，采用综合接地系统，沿线路往往还设置有贯通地线。在一些强雷区，接触网支柱上还设置有架空避雷线。

3.1.2 供电电压

我国干线电气化铁路的供电制式为 25 kV 工频单相交流制，牵引网标称电压为 25 kV，与电力机车、动车组的额定电压相同。实际运行中，由于电力系统、牵引变压器、牵引网都存在阻抗，电流流过时会产生电压损失，电力机车在线路上运行时，实时电压存在波动。国家标准《轨道交流　牵引供电系统电压》（GB/T 1402—2010）规定了接触网电压允许波动范围，见表 3-1 所示。

表 3-1　标称电压值及接触网允许电压波动限值　　单位：V

标称电压	最低非持续电压(1)	最低持续电压	最高持续电压	最高非持续电压(2)
25 000	17 500	19 000	27 500	29 000

（1）在牵引供电系统因故障或越区供电时可能出现的持续时间不大于 2 min 的电压最小值。

（2）在牵引供电系统因改变运行方式或电网电压波动时可能出现的持续时间不大于 5 min 的电压最大值。

在日本，既有线（普速线路）一般采用 20 kV 工频单相交流制，但新干线采用了 25 kV 工频单相交流制。德国干线电气化铁路的主要供电制式是 15 kV/16⅔ Hz 的低频单相交流制，并且铁路自建发电厂，构建了独立于三相交流公用电力系统的铁路专用电网。

3.1.3　外部电源

电气化铁路一旦中断供电，将导致列车停运，严重影响运输秩序，造成的损失十分巨大。在我国，把电气化铁路划分为电力系统的一级负荷，对供电可靠性要求很高。牵引变电所一般设置两台主变压器，要求有两回独立电源供电。所谓独立电源，即一回电源的故障停电，应不影响另一回电源的工作。图 3-3 给出了某高速铁路牵引变电所的两回 220 kV 进线。

图 3-3　牵引变电所的两回进线

电气化铁路牵引负荷大，可靠性要求高，必须采用高电压、大容量电源供电。我国建设高速铁路之前，牵引变电所大多采用 110 kV 的供电电源电压，仅在东北地区的哈大线和秦沈客运专线采用 220 kV 进线。高速铁路负荷大、供电质量和供电可靠性要求高，一般优先选用 220 kV 外部电源，因为 220 kV 电网较之 110 kV 电网，具有系统容量大、供电能力强、承受负荷干扰能力高的优点。从全系统的角度看，牵引供电系统可以看做是电力系统的末端用户，采用 220 kV 进线减少了电能的中间变换环节，既节省了输变电设备容量，也降低了电能损耗，无疑，这对提高整个系统的技术经济运行指标、减少国家的能源消耗是有利的。在西北地区由于 110 kV 上一个电压等级是 330 kV，因此也有牵引变电所的进线电压为 330 kV。

3.1.4　牵引变电所向牵引网的供电

当牵引变电所主变压器二次侧有 2 个单相端口时，通常牵引变电所左右两侧的供电臂各由一个端口供电，而同一侧的上下行线路则由同一个端口供电。与直流牵引供电系统不同，交流牵引供电系统一般不采用双边供电，这是由于两变电所母线电压通常不会相等，双边供电会导致牵引网上存在均衡电流，会占用接触网载流能力，线路故障时的影响范围大，继电保护也比较复杂，并且还存在电能计量方面的问题。两相邻牵引变电所交接处一般设置分区所，从电气上把两个变电所的供电区段区分开来。但在一个变电所因发生较大故障不能供电时，通过操作分区所的开关，可以实现越区供电，延长供电区间，以保证整条线路的供电可靠性。图 3-4 以单线为例，给出了越区供电示意图。图 3-5 为某分区所中的越区隔离开关，闭合该开关，就可实现越区供电。对于复线电气化铁路，根据上下行牵引网连接关系的不同，可以分为上下行分开供电、并联供电和全并联供电三种方式，如图 3-6 所示。对于 AT 供电方式，上下行牵引网的并联点一般只设在自耦变压器处。

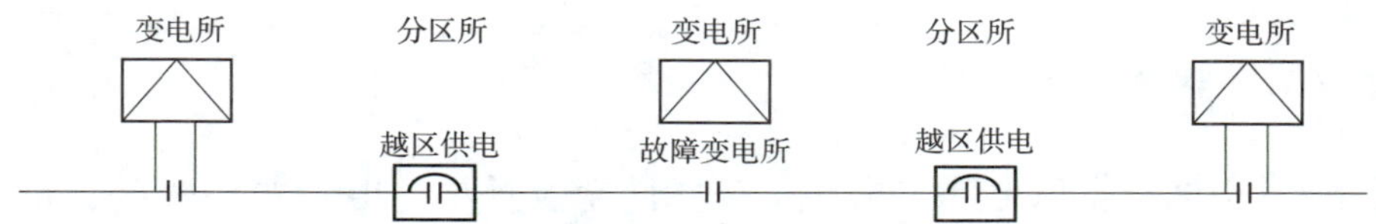

图 3-4 越区供电示意图

图 3-5 分区所内用以实现越区供电的隔离开关

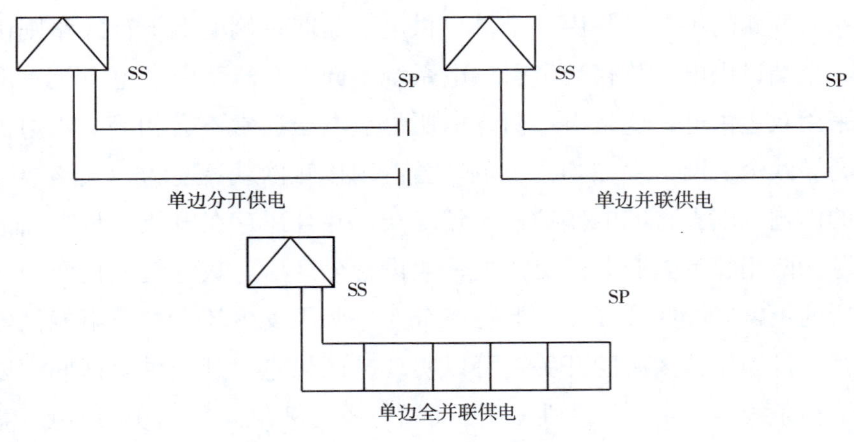

图 3-6　牵引变电所向牵引网的供电

SS—牵引变电所；SP—分区所

3.2　交流牵引网

3.2.1　供电方式

牵引网根据供电能力大小、接触网架设环境、电磁兼容要求等条件，有以下几种供电方式：

(1) 直接供电方式（图 3-7）

牵引电流通过电力机车后直接从钢轨和大地返回牵引变电所。此方式结构简单，投资少，维护费用低，但由于有在较大地中电流对弱电系统的电磁干扰较大。

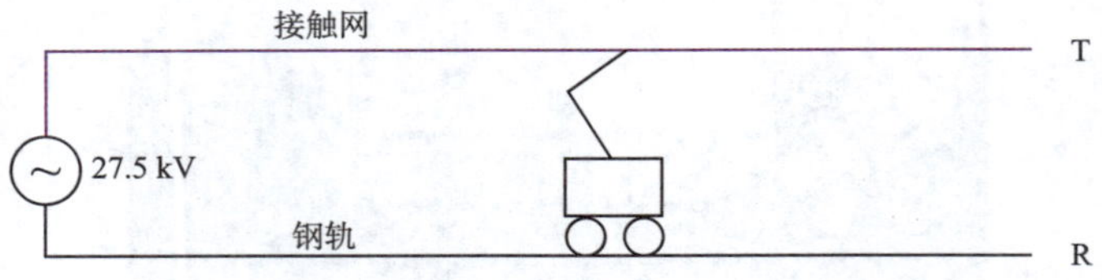

图 3-7　直接供电方式示意图

(2) 吸流变压器（BT：Booster Transformer）供电方式（图 3-8）

为了减少直接供电方式对弱电系统的电磁干扰，沿接触网架设一条回流线，并在接触网和回流线中串入吸流变压器，让牵引电流通过电力机车后从回流线返回牵引变电所。该方式防干扰效果好，但牵引网阻抗大，电压损失大，牵引变电所间距小。目前已基本不采用。

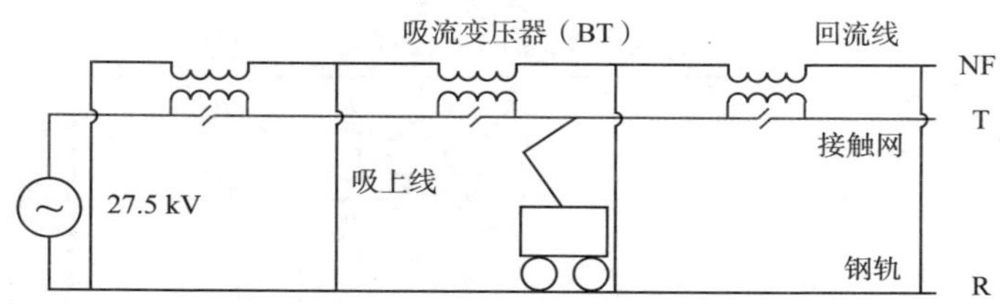

图 3-8 吸流变压器供电方式示意图

(3) 带回流线的直接供电方式（图 3-9）

鉴于目前通信已大部分光缆化，抗干扰能力大大提高，吸流变压器供电方式的应用必要性已不大。带回流线的直接供电方式，是在吸流变压器供电方式基础上，取消吸流变压器后形成的一种供电方式。回流线有一定的吸流效果，该方式基本能满足对弱电系统电磁防护的需要，是目前比较常用的一种供电方式。

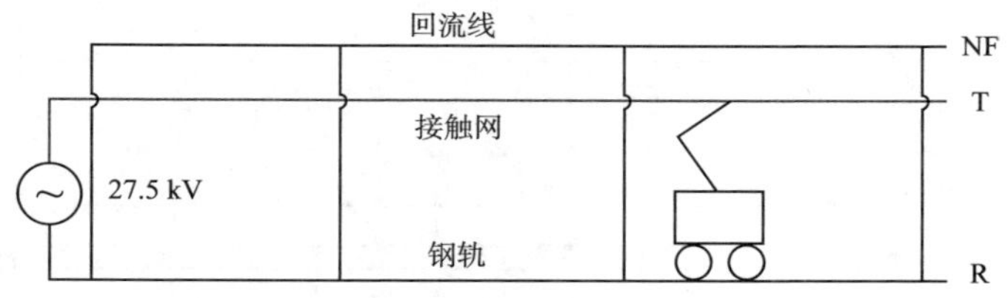

图 3-9 带回流线的直接供电方式示意图

(4) 自耦变压器（AT：Auto Transformer）供电方式（图 3-10）

沿线路设置变比 2∶1 的并联自耦变压器，接触网、钢轨与正馈线构成 2×25 kV 系统，电力机车运行的接触网与钢轨间标称电压保持 25 kV不变。由于自耦变压器的电压平衡、电流吸上作用，AT 牵引网电源供出的电流只有列车电流的一半。由于自耦变压器提高了工作电压，牵引网阻抗小，电压损失降低，电能输送能力增强，牵引变电所间距大，并且其对通信线路的干扰防护能力要优于带负馈线的直接供电方式，与 BT 供电方式相当。AT 供电方式特别适于重载、高速运输。我国新建的 250 km/h 及以上高速铁路和重载铁路普遍采用 AT 供电方式，供电臂长度一般为 30 km，设 2 个或 3 个 AT 段。

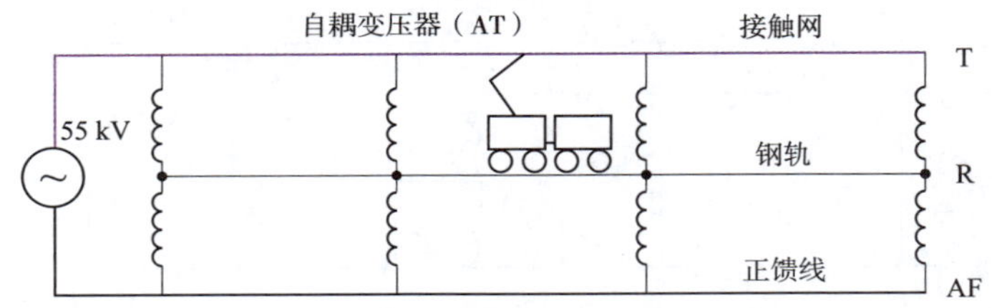

图 3-10　自耦变压器供电方式示意图

（5）同轴电缆（CC：Coaxial Cable）供电方式（图 3-11）

沿线路敷设埋地同轴电缆，芯线与接触网隔一定距离并联连接，外导体与钢轨并联连接，利用同轴电缆内外导体间的互感实现吸流效果，以减少牵引网不平衡回路造成的电磁干扰。这种供电方式目前在日本有应用，用在交、直流电气化铁道线间距较近、空间受限的隧道区段。

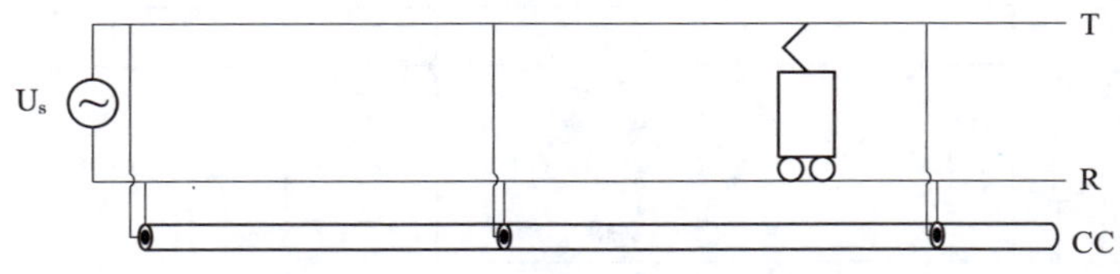

图 3-11　同轴电缆供电方式示意图

3.2.2　高铁牵引网

实际复线 AT 牵引网，由于上下行之间在首末端存在的电气并联连接关系，结构十分复杂。对高速铁路，为降低钢轨电位，还敷设有贯通地线，CPW 线以及上下行回流网络之间的等电位横连线更为密集，结构进一步复杂化。图 3-12 给出了某高速铁路 AT 牵引网的悬挂导线示意图。AT 牵引网电流分布的准确计算要依靠专门计算机程序来完成，工程简化计算中，认为动车组电流被两侧自耦变压器按与距离成反比例的关系全部吸上，本 AT 段之外的自耦变压器不承担负荷电流。

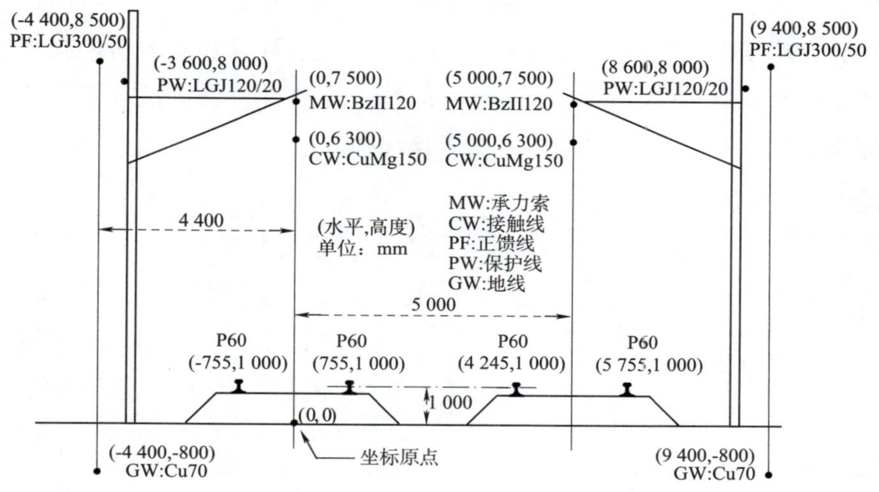

图 3-12 AT 牵引网悬挂导线举例

3.3 变 电 所

3.3.1 主 接 线

电气化铁路的变电所通常是泛称，包括牵引变电所、分区所、开闭所和自耦变压器所。电气主接线是指由变压器、断路器、隔离开关、互感器、母线和电缆等高压一次设备所组成的接受和分配电能的电路，它表明了一次设备相互连接关系和电路工作原理，简称为主接线，又称为一次接线。对三相系统，主接线图一般用单线图表示，当三相不完全相同时，则用多线图表示。主接线图中使用国标文字及图形符号，而电气设备的状态按正常状态画出。

牵引变电所主要负担牵引用电能的变换工作，即把电力系统供应的电能变为适合电力机车牵引要求的电能。对于单相工频交流制电气化铁路，牵引变电所完成降压、分相等任务。牵引变电所通过变压器将电能从三相 110 kV 或 220 kV 变换成 1 个或 2 个单相 27.5 kV，对 AT 系统则为 55 kV 或 2×27.5 kV，并向两侧铁路上、下行的牵引网供电，为电力机车提供牵引用的 25 kV 工频单相交流电。主接线的设计方案对变电所的电气设备选择、配电装置布置以及变电所的技术经济指标都具有重大影响，应满足可靠性、经济性、灵活性和可扩展性原则。图 3-13 为某牵引变电所的主接线图。

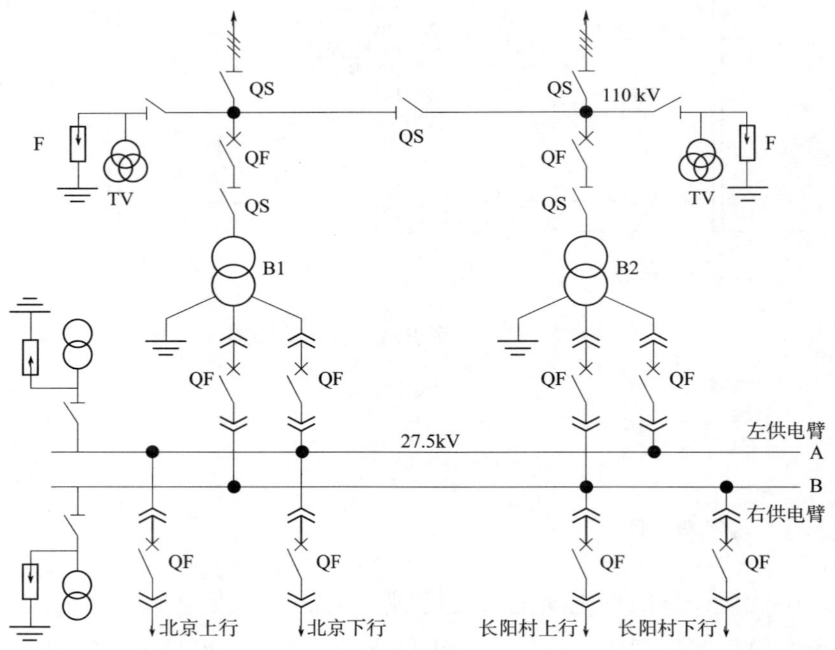

图 3-13　某牵引变电所的主接线图

QS—隔离开关；QF—断路器；F—避雷器；TV—电压互感器；B1、B2—变压器

分区所设于两变电所之间的供电分区交界处，把电气化铁路牵引网分成不同供电区段，装有开关设备，根据运行需要可以连接同一供电臂的上、下行牵引网，或连接相邻供电臂以实现越区供电。

开闭所实际上就是开关站，多设于铁路枢纽，一般两路进线、多路馈线，每路进线和馈线上都设有断路器，用以实现对地理位置邻近的不同区域线路（如站场各股道群）的分别供电控制，可以灵活地对各分区接触网停、供电，在断路器上可实现短路故障保护，从而可以缩小事故停电范围，增强供电可靠性。

自耦变压器所是指，在 AT 供电系统中除变电所、分区所外，在牵引网供电臂中间位置放置自耦变压器的场所。

3.3.2 牵引变压器

牵引变电所的核心设备是主变压器（通常被称作牵引变压器），通常设 2 台，一主一备运行，定期倒换。按变压器的接线方式可分为三相牵引变电所、单相牵引变电所和三相—两相牵引变电所。

电气化铁路牵引变压器的接线方式多种多样，目前我国高速铁路的设计趋势是尽量推广单相接线（图 3-14），在电源容量较弱时则使用 V/v 接线（图 3-15），对 2×27.5 kV 的 AT 系统，则往往省略变电所内的自耦变压器，相应采用二次侧中点抽出式单相接线和 V/x 接线，原理图如图 3-16（a）所示。Scott 接线方式（图 3-16（b））在我国既有电气化铁路 AT 供电系统中也广泛采用。

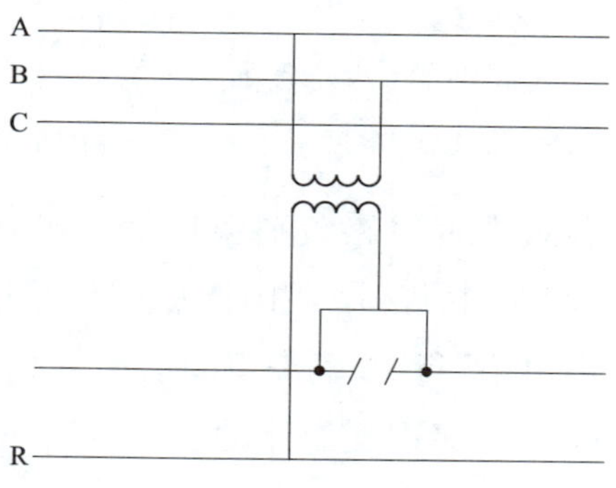

图 3-14 单相接线示意图

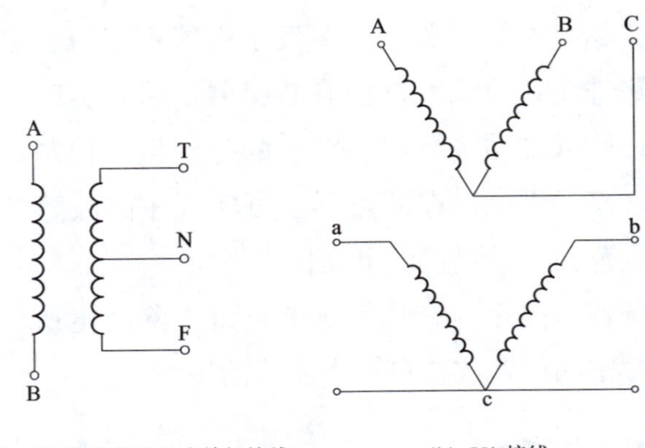

（a）二次侧中点抽出式单相接线　　(b) V/v接线

图 3-15　二次侧中点抽出式单相接线和 V/v 接线

T 端—接于接触网；N—中性点，接于钢轨；F 端—端于正馈线

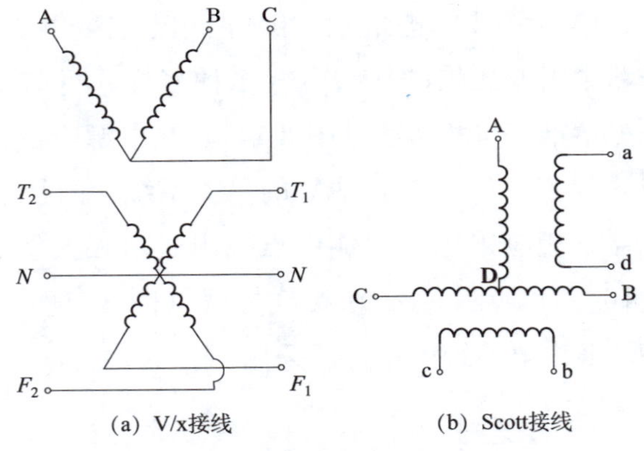

(a) V/x接线　　(b) Scott接线

图 3-16　V/x 接线和 Scott 接线

T_1、T_2—接两侧供电臂接触网；F_1、F_2—接两侧供电臂正馈线

牵引变压器的容量根据线路负荷条件而定，对高速铁路一般达 63 MV·A或 75 MV·A，按规划，我国长大客运专线远期要按 350 km/h 的速度 3 min 的追踪间隔运行 16 辆编组的动车组，牵引变压器的容量甚至会超过 100 MV·A。牵引变压器的短路阻抗一般为 10.5%左右。为适应不同网压和负荷条件，一般变压器高压侧带多个分接头，可以无载调压。图 3-17 为安装于某城际铁路牵引变电所的 220 kV/2×27.5 kV的单相变压器。

图 3-17 某城际 220 kV/2×27.5 kV 单相牵引变压器

3.3.3 高压开关设备

在高压电路中，用来对电路进行开、合操作，切除和隔离故障区域的电气设备，统称为高压开关设备。高压开关设备应能可靠地在规定的电压及电流下工作，即应具有足够的绝缘强度和载流能力；用于切断载流电路的开关设备，应具有足够的熄灭电弧的能力。

断路器是最重要的高压开关设备，具有电路的控制和保护双重功能。在正常情况下，工作中的断路器需要承受工作电压、流过负荷电流、开断各种不同性质的负荷；在设备发生故障时，则要承受过电压、过电流，还要开断故障电流。另外，断路器开、合电路应具有快速性，能及时切断故障及重合闸。

断路器结构一般可分为触头、灭弧室、绝缘介质、壳体结构和运动机构。触头是电路通断的重要部分，通常分为动触头和静触头两部分，在开关进行分闸或合闸操作时，静触头不运动，动触头运动。灭弧室是熄灭电弧的地方，其结构必须满足断路器一定断路容量下熄弧的要求。绝缘介质分为灭弧用绝缘介质和支持用绝缘介质，前者在熄灭电弧中起作用，一般有矿物油（又称绝缘油）、SF_6 气体、真空等；后者用于支持运动机构、触头、灭弧室等，一般有电工瓷、环氧树脂等。壳体结构将断路器的各个部分安装为一体，需满足断路器在电气绝缘、机械动力及工作环境等方面的要求。运动机构为推动动触头运动的机构，多由连杆机构组成。牵引变电所高压侧目前多采用 SF_6 断路器，如图 3-18 所示。SF_6 气体是一种无色、无臭、无毒和不可燃的惰性气体，化学性能稳定，具有优良的灭弧和绝缘性能。在牵引侧，目前大量使用真空断路器，新建高速铁路线路则使用了 GIS 开关设备。

图 3-18 SF_6 断路器

隔离开关又称隔离刀闸，因为没有专门的灭弧装置，故不能用来切断负荷电流和短路电流，使用时应与断路器配合，只有在断路器断开时才能进行操作。隔离开关在分闸时，动静触头间形成明显可见的空气断口，绝缘可靠。带有接地闸刀的隔离开关必须有连锁机构，以保证先断开隔离开关后，再合上接地闸刀，及先断开接地闸刀后，再合上隔离开关的操作顺序。隔离开关在高压电路中主要用以隔离电源，以方便进行倒闸操作和检修作业，有时也用它接通和断开小电流电路。图 3-19 示出了隔离开关的断开状态和闭合状态。

负荷开关是电路进行正常操作，开、合电路的一种开关。与断路器不同的是，断路器可以开、合故障电流，而负荷开关只能开、合负荷电

(a) 断开状态

(b) 闭合状态

图 3-19 隔离开关开闭状态

流。负荷开关的成本较断路器低。高压负荷开关在分闸时有明显的断口，可起到隔离开关的作用。高压负荷开关也可与高压熔断器串联使用，作为保护电器，开断电路的短路电流及过负荷电流，如图3-20所示。

图 3-20 带熔断器的高压负荷开关

气体绝缘组合电器（GIS）把分散布置的高压设备集中封闭安装，在开关柜内集成了断路器、隔离开关、电流互感器等设备，设备封闭在 SF_6 气体中，不受外界环境影响，可靠性高，还具有少维护甚至免维护的优点。在我国高速铁路中，GIS 开关柜在 2×27.5 kV 侧得到广泛使用。图 3-21 显示了一个 GIS 开关柜的内部结构。图 3-22 为一牵引变电所内 2×27.5 kV GIS 开关柜组合。

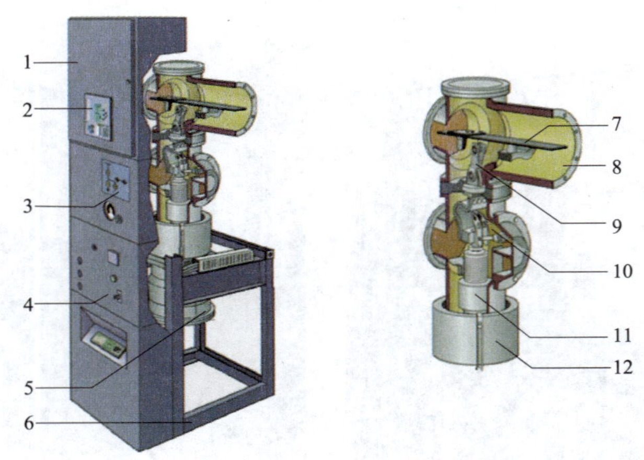

图 3-21　GIS 开关柜内部结构

1—低压室；2—继电保护及二次回路；3—三工位开关机械操作机构及机械联锁；4—断路器机械操作机构；5—电缆插座（内锥式电缆连接系统）；6—开关柜框架；7—母线排；8—铸铝壳体；9—三工位开关；10—断路器室；11—真空泡；12—电流互感器

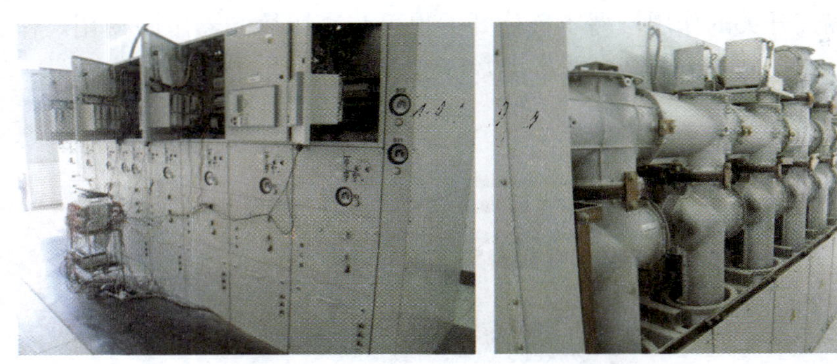

图 3-22　2×27.5 kV GIS 开关柜组合

3.3.4　无功补偿及电能质量

我国韶山（SS）系列电力机车为交—直型，大部分采用相控整流电路，功率因数普遍偏低，平均功率因数一般只有 0.8 左右。牵引负荷还含有丰富的奇次谐波成分，对电力系统造成谐波污染。此外，由于电力机车是单相负荷，牵引变电所拓扑结构三相不对称，牵引负荷还在三相电力系统引起负序电流，造成三相不平衡。随着电气化铁路的快速发展，它所引起的电能质量问题也越来越受到人们的重视。

电力部门向电气化铁路按大宗工业用户采用功率因数调整电费，根据功率因数是否达 0.9 进行奖惩，高于 0.9 奖励，减收电费；低于 0.9 惩罚，加收电费。牵引变电所安装的并联补偿装置既可改善系统的功率因数，又可补偿电力系统以及牵引变电所中部分电压损失，以提高牵引网电压水平，还能吸收部分高次谐波电流。并联补偿装置的工作原理如图 3-23 所示，流过补偿支路的电流抵消了牵引负荷中的部分无功电流，从而使电源供过来的电流功率因数提高。并联补偿装置通常安装在牵引变电所的牵引母线上，一般为固定或分组投切的并联电容器组，兼滤 3 次谐波，如图 3-24 所示。

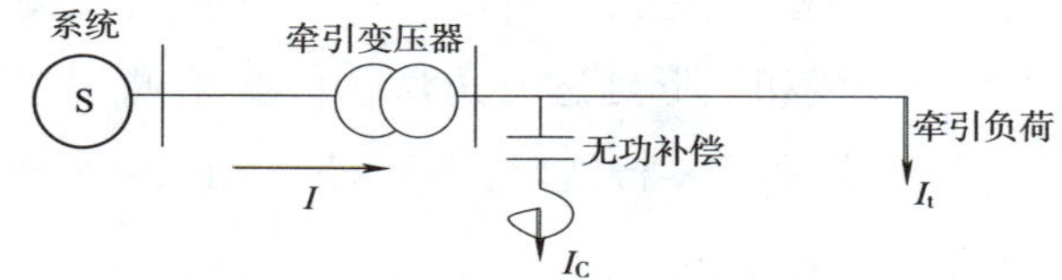

图 3-23 并联补偿装置线路原理图

图 3-24 并联补偿装置

负序电流在电力系统中主要对同步发电机、感应电动机、电力变压器、输电线路、保护装置等产生不良影响。负序电流的存在使电动机的定子和转子的损耗增加，造成发热问题；负序电流对发电机的影响主要是转子的附加损耗和发热，其次是附加振动；负序电流会造成三相变压器一相电流大，另两相电流小，达不到额定容量，同时还会造成损耗增大；负序电流在输电线上传输，实际并不产生有用功，增加了电能损失，降低了输电线输送能力；负序电流增大还可能会引起网络中以负序分量启动的继电保护装置误动作。

电气化铁路之所以产生负序，本质上是由于电力机车是单相负荷造成的。另外，由于变压器的接线形式的不同，及牵引变电所两侧供电臂负荷的不对称性，都会影响负序电流的产生。单相接线变压器在电力系统中引起的不对称度最严重。当 V/v 接线、三相 YN，d11 接线、Scott 接线和星形延边三角形接线等变压器只有一个供电臂有电流时，不对称度也和单相接线变压器一样严重。只有当两侧供电臂电流完全相等时，Scott 接线和星形延边三角形接线等平衡接线变压器才不会产生负序电流；而此时 V/v 接线、三相 YN，d11 接线变压器产生的负序电流为单相接线变压器的一半。

为了限制负序电流对电力系统的影响，可以采取以下措施：变电所最初设计时就要选用强电源，保证足够大的短路容量；在电源受限制的条件下，避免使用单相变压器，优先使用平衡变压器；相邻的牵引变电所接入电力系统时，进行换相连接；采用消减负序电流的平衡补偿装置。采用换相连接、平衡变压器等技术措施，在宏观上缓解牵引负荷造成的三相不平衡是有效的，但负荷的随机波动性，也使得其效果是有限的。

谐波对电力系统也会产生不良影响。例如谐波电流流入发电机三相定子绕组，引起发电机转子受到额外的扭转振动力矩；还造成定子绕组和铁芯的附加电能损耗和发热的增加；还会引起转子励磁绕组和阻尼绕组的附加发热等。当流入感应电动机的谐波电流增大时，铁芯饱和，使基波电抗和谐波电抗都减小，从而使电动机的谐波功率增大、铜损增加，引起附加发热。谐波还会使无功补偿电容器引起谐振，导致电容器过负荷、过电压而损坏。另外，高次谐波对电气计量仪表，特别是电度计量仪表的精度影响较大。

电气化铁路所采用的交—直整流式电力机车是电力系统重要的谐波源之一。由于机车变压器、整流器、平波电抗器的影响，使机车原边电流发生畸变，交流侧不再是正弦波，而包含丰富的奇次谐波成分。电力机车产生的谐波特点是：单相独立性、移动性、随机波动性、相位广泛分布性、高压渗透性。

减少谐波影响的措施有：设计时注意选择短路容量大的电源；在牵引变电所牵引侧装设无源或有源滤波器；在电力机车上加装并联补偿兼滤波装置。

3.3.5 防雷与接地

雷电灾害是最严重的自然灾害之一，全世界每年因雷电灾害造成的人员伤亡、财产损失不计其数。直击雷直接击在建筑物、人和其他物体上，产生高电压、大电流，伴随电效应的还有热效应和机械效应，会使建筑物、物体燃烧、爆炸、解体、崩毁，人体烧伤、死亡（图 3-25）。雷电的二次危害作用就是雷电流产生的电磁感应，虽然感应产生的电压、电流幅值不如直击雷大，但也能造成很大危害。

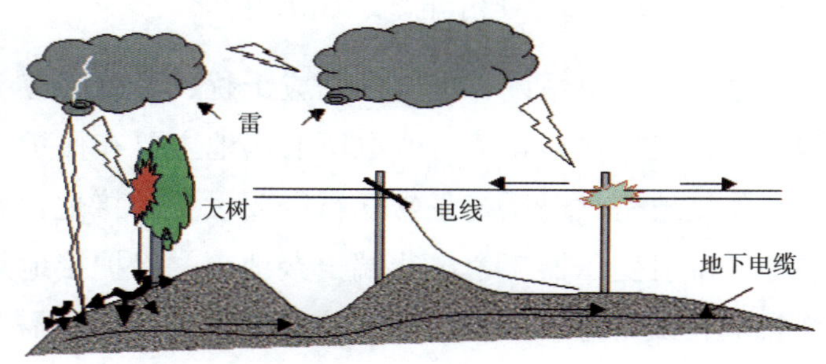

图 3-25　直击雷直击示意图

现代防雷有外部保护、内部保护和过电压保护三道防线，其中，外部保护将绝大部分雷电流直接引入地下泄散；内部保护阻塞沿电源线或数据线、信号线引入的雷电波危害设备；过电压保护限制被保护设备上雷电过电压幅值。

常规防雷可分为防直击雷和防感应雷。防直击雷的避雷装置一般由三部分组成，即接闪器、引下线和接地体，构成外部防雷系统；接闪器又分为避雷针、避雷线、避雷带、避雷网。防感应雷电的避雷装置主要是避雷器。避雷器按内部组成及结构分，可分为阀型避雷器、金属氧化物避雷器等，是一种限制雷电过电压的设备。目前电气化铁路较多地采用金属氧化物避雷器（图 3-26），它无间隙，并且由理想非线性 ZnO 阀片电阻组成。

图 3-26　铁路中用金属氧化物避雷器

牵引供电系统是强电系统，是电磁感应干扰、静电感应干扰和传导干扰的源。除了工作接地，牵引变电所的接地主要有保护接地和防雷接地等。工作接地是供电系统正常运行需要设置的接地，如三相系统中性点接地、牵引变压器 1 个出线端子接地等。保护接地是为保护人身安全而将电气设备外壳接地。防雷接地则为满足防雷需要，降低雷电流通路上电位升高设置的接地。地中的电流在土壤电阻上产生的电压降会引起地电位的变化。当人在有接地电位的范围内活动时，就会发生跨步电压（人体前后两脚产生的电位差）而触电的危险。牵引变电所需要铺设接地电阻足够低的复合地网，并与整条铁路的综合接地系统相连接。

3.3.6 综合自动化系统

变电所综合自动化系统，即利用微型计算机和大规模集成电路组成的自动化系统，用以代替常规的测量和监视仪表，代替常规的控制屏、继电保护屏、远动屏和中央信号系统，实现对全所的主要设备和输配电线路的自动监视、测量、控制、保护以及与调度通信等综合性的自动化功能。图 3-27 是牵引变电所综合自动化系统的框图结构示例。牵引变电所往往还安装远方视频监控及防灾报警系统，以进一步提高变电所的安全、可靠运行水平，减少维护工作量，实现无人值班。

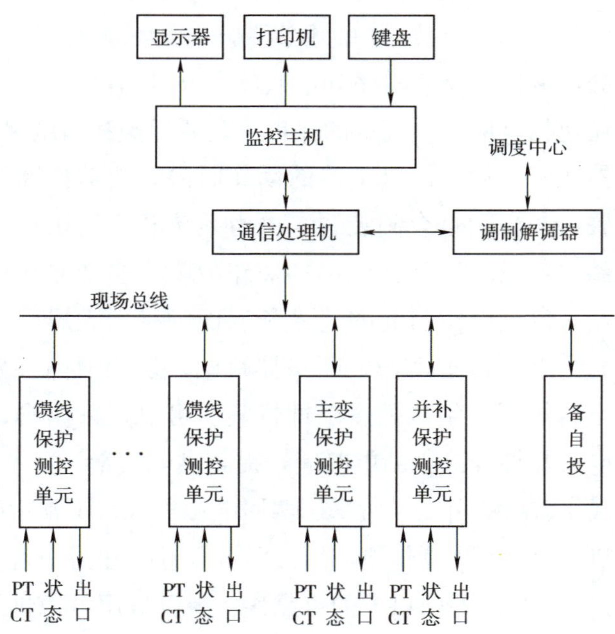

图 3-27 牵引变电所综合自动化系统

综合自动化系统中实现对一次设备的故障保护是最重要的功能。供电系统中的一次设备一旦发生故障，迅速而有选择性地切除故障设备，是保证供电系统及其设备安全运行的最有效方法。切除故障的时间通常要求小到几十毫秒到几百毫秒。牵引供电系统中的故障主要是短路，例如接触网对钢轨短路、两相短路；变压器绕组的匝间短路、相间短路、接地短路等。短路对供电系统会造成巨大的危害，包括产生大短路电流，对人身和设备安全造成危害。对综合自动化系统中的保护功能有 4 个基本要求，即选择性、快速性、灵敏性及可靠性。

保护功能通常通过检测故障时电气量的变化特征来实现，有以下几种：

（1）过电流保护：反应电流增大而动作；

（2）低电压保护：反应电压降低而动作；

（3）距离保护：反应保护安装处至短路点的距离；

（4）方向保护：电流保护增加功率方向判别条件；

（5）差动保护：反应被保护对象两端电流相量差；

（6）序分量保护：反应零序分量或负序分量动作。

此外，还包括反应非电气量的保护：瓦斯保护和温度保护等。

当断路器跳闸之后，经过整定的动作时限，能够使断路器重新合闸的自动装置，叫自动重合闸装置。电力系统和牵引供电系统的运行经验证明，架空输电线路和接触网的短路故障大多数是瞬时性、自消性的。例如，大气过电压引起的绝缘子表面闪络，大风引起的导线短时碰接等等。当继电保护动作，断路器跳闸，切除故障线路后，短路点的电弧即自行熄灭，绝缘强度随即恢复。可见，采用自动重合闸有利于改善供电可靠性，减少断电时间，提高供电质量。

我国电气化铁路牵引变电所采用两回电源进线，正常运行时，有一路电源进线向一台主变压器供电，另一路电源进线和另一台主变压器处于备用状态。为了提高牵引供电的可靠性，装设备用电源进线和备用主变压器自动投入装置，以便当运行的电源进线失压或运行的主变压器故障时，能自动投入备用电源进线或备用主变压器，以迅速恢复正常供电。

3.4 铁路电力供电系统

电气化铁路上除电力机车牵引要消耗电能外，还存在大量非牵引用电负荷，这些非牵引用电负荷即使对非电气化区段也照样存在。铁路上，通常把向这些非牵引用电负荷供应电能的供电网络称为铁路电力供电系统。铁路电力供电系统的用电负荷分为车站和区间两部分，车站用电负荷包括车站站房及站台雨棚、站区的用电设备，主要为通信、信号、防灾报警、自动检售票、客服、消防系统、各类水泵、各类通风机、空调、自动扶梯、电梯、电热设备、清扫机械和各类生产生活照明及站区照明负荷；区间用电负荷主要包括沿线的通信基站、信号中继站、牵引所备用电源等。

铁路电力供电系统一般在负荷比较集中的车站设置变配电所，直接从地方配电网接引 10 kV 电源，有些线路也采用 110 kV 进线，设置降压变电所把 110 kV 降到 10 kV。为保证供电可靠性，一般沿铁路敷设两回 10 kV 线路，一路为一级负荷贯通线，给沿线通信、信号设备供电，一路为综合负荷贯通线，给车站各类设备供电，也为沿线通信、信号提供备用电源。在车站设置的 10 kV 变配电所示例如图 3-28 所示，10/0.4 kV 的降压变压器提供车站本地低压电源，10 kV 调压器是为保证电力线路的电压满足质量要求而设置的。铁路箱变及相关设备如图 3-29、图 3-30 所示。

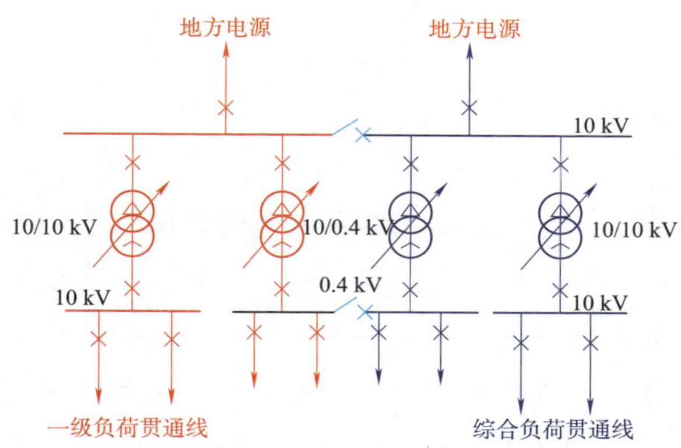

图 3-28　10 kV 变配电所

图 3-29　铁路箱变

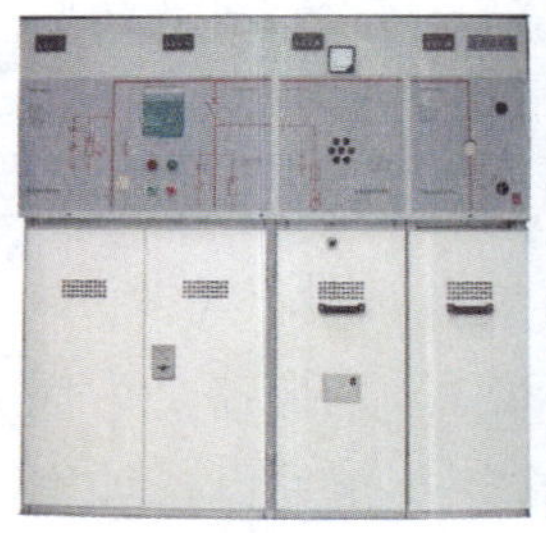

高压环网柜

变压器柜

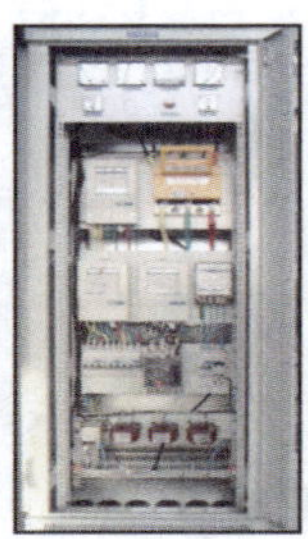

低压配电柜

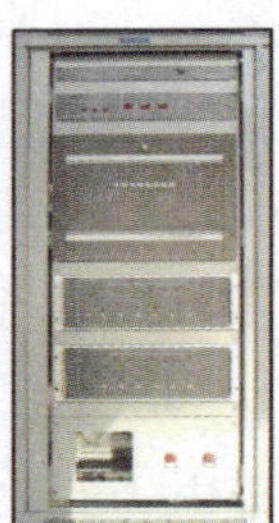

自动化柜

图 3-30　高压环网柜、变压器柜、低压配电柜、自动化柜实物照片图

3.5　电力调度自动化系统

牵引供电系统是电气化铁路的重要基础设施系统，为保证列车的不间断运行，必须要保证供电的可靠性。一方面要求在供电系统发生故障时，能及时准确定位故障点，迅速排查故障原因，尽快恢复供电。另一方面，铁路沿线各变电所内的各种电气设备和接触网设备需要定期检修维护，并且铁路其他专业在线路上的维修作业也需要供电专业予以配合，这需要合理安排各区段的停、送电作业。为便于供电系统的统一调度，提高运营管理水平，需要实现电力调度自动化，这靠电

力 SCADA（Supervisory Control And Data Acquisition）系统实现。无论是干线铁路还是城市轨道交通，一般在运行调度中心集中设置电力调度所或电力调度台，实现对整条线路电力生产过程的调度自动化。

SCADA 系统，即数据采集与监视控制系统，也常被称作远动系统，是以计算机为基础的电力生产过程控制与调度自动化系统。它可以对电气化铁路现场的运行设备进行监视和控制，以实现状态信息采集、数据测量、设备控制、参数调节以及各类信号报警、数据统计等各项功能。通俗地讲，远动就是利用通信技术对远方运行设备进行监视和控制。远动一般包括“四遥”功能，即遥信、遥测、遥控和遥调。

（1）遥信是指运用远程通信技术对远方运行设备状态信息的远程监视。

（2）遥测是指运用远程通信技术传输所测变量之值。

（3）遥控是指运用远程通信技术对具有两个确定状态的远方运行设备所进行的切换操作。

（4）遥调是指运用远程通信技术对具有不少于 3 个设定值的远方运行设备所进行的调整操作。

远动系统由控制中心、信息传递子系统和远动终端（RTU）构成，远动终端可以有多个，如图 3-31 所示。控制中心一般设在轨道交通的运输指挥中心，有电力调度员进行值班，利用远动系统提供的各项功能，实现对全线供电设备的监视和控制。远动终端即为沿线的各变电所，通过专用终端设备负责采集数据和执行控制中心下发的各种命令，目前由于变电所普遍采用了综合自动化系统，一般不单独设置 RTU 柜，而是利用变电所的综合自动化系统实现远动功能。SCADA 系统的主要任务可以概括为：

（1）集中监视，提高安全经济运行水平。

（2）集中控制，提高劳动生产率。

以前干线铁路仅把牵引供电系统纳入远动，随着自动化设备技术水平提高和应用的普及，目前也通常把 10 kV 电力供电系统纳入远动。

图 3-32 为我国高速铁路的供电系统示意图。SCADA 系统在线实时监控 220 V～220 kV 主要电气设备运行状态，在保证供电设备安全可靠运行、故障及时快速处理，提高高速铁路运输调度管理水平方面起到了很大作用。

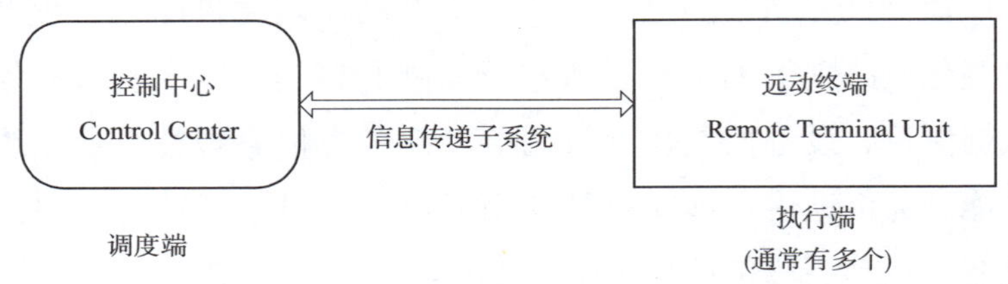

图 3-31　远动系统构成

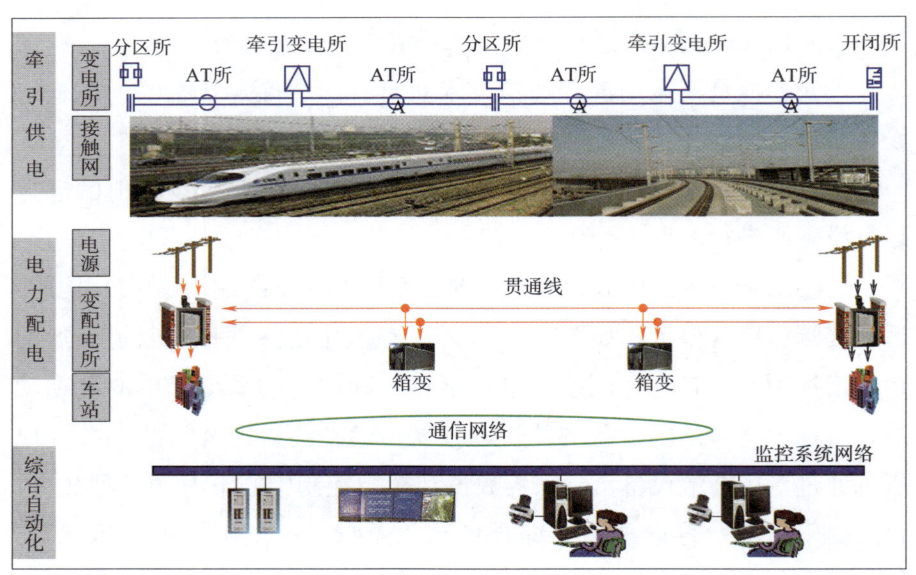

图 3-32　高速铁路供电系统示意图

4 接触网

接触网是牵引供电系统的重要组成部分，承担着向机车车辆传输电能的作用。按接触网结构形式的不同，可分为刚性接触网和柔性接触网。刚性接触网又可分为接触轨（第三轨）和架空接触轨。受流器在接触网上滑行接触取流，把电能传递给机车或车辆，为其行走运行提供牵引动力。受流器一般可分为集电靴和受电弓两种类型，其中集电靴用于接触轨，而受电弓用于架空接触轨和接触网。在列车运行过程中，受流器与接触网间要尽可能保持良好的接触状态，因为只有这样才能保证电能的可靠传输。

4.1 接触网概述

4.1.1 接触网的工作特点及基本要求

接触网就是一种悬挂在线路上方或侧旁，并与钢轨保持一定距离的输电线路。通过列车上的受流器与接触网的滑动接触，将电能传输到列车电力牵引传动系统，驱动列车运行。

1. 接触网的工作特点

(1) 负荷动态性。与电力系统线路负荷的地点是固定的不同，接触网供电的负荷是机车车辆，是运动的。运行机车车辆的受流器与接触网间保持一定的接触压力，接触网不停地处在振动、摩擦、污染、伸缩的动态运行状态之中。在这些因素的影响下，其发生故障的可能性较一般电力线路要大得多。

(2) 无备用。由于接触网与电力牵引机车和车辆在空间上的关系，和轨道一样无法采取备用措施。所以，一旦接触网故障，整个供电区间即全部停电，在其间运行的车辆失去电能供应，列车停运。

(3) 结构复杂，技术要求高。为保证电力牵引机车车辆安全、可靠、良好地从接触网取流，对接触网的结构和技术要求比较高。如对柔性接触网的弹性大小及弹性均匀度等都有定量的要求。

2. 接触网的基本要求

接触网的工作状态主要是接触线与受流器滑板间的电接触。为保证良好的导电性，滑板与接触线间应保持一定的接触压力。当列车运行时，滑板与接触线形成滑动电接触。接触网既是传输电能的输电线路，又为受电弓的滑动提供了必要条件。

4.1.2 接触网的分类

接触网的分类如图 4-1 所示。接触网按结构形式的不同，可分为刚性接触网和柔性接触网。刚性接触网按敷设形式的不同，可分为接触轨和架空接触网；柔性接触网按悬挂结构的不同，一般又可分为弹性链型悬挂接触网和简单链型悬挂接触网。

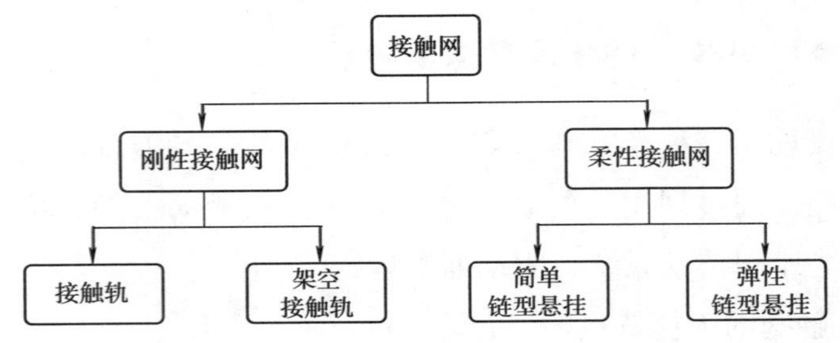

图 4-1 接触网的分类

接触轨是电气化铁路电力牵引供电的最初形式，采用地面敷设方式，一般仅用于净空受限，且供电电压较低的城市轨道交通地铁系统中；架空接触轨也称为刚性悬挂接触网，是将接触轨设置在车辆限界上方，主要应用于地下或地上的隧道内；柔性悬挂接触网主要用于城市轨道交通地面线路、干线铁路、工矿的电力牵引线路。在我国轨道交通系统中，接触轨、架空接触轨和柔性接触网均被采用。

4.2 刚性接触网

刚性接触网由于其结构简单、占用空间小，而广泛应用于城市轨道交通直流牵引供电系统中。

4.2.1 接触轨

接触轨，又称第三轨或简称三轨，是电气化轨道交通最早采用的供电方式，如图 4-2 所示。在牵引供电系统中，当供电电压较低（低于 1 kV）时，使用敷设在地面的接触轨供电。目前，国际上接触轨电压等级的发展趋向是 IEC 标准中的 DC 600 V、750 V。我国接触轨系统标称电压均为 DC 750 V。接触轨系统一般采用第三轨供电、走行轨回流的形式。接触轨系统与各专业都有密切联系，如线路的道岔布置、轨道的道床形式、车辆的编组方式、信号轨道电路的制式等都是接触轨系统设计的影响因素。

图 4-2 接触轨

2. 接触轨的受流方式

接触轨是沿轨道线路敷设的，从车辆转向架伸出的受流器（集电靴）通过滑板与接触轨接触而取得电能。根据受流方式的不同可分为上部受流、下部受流和侧部受流三种形式，如图 4-3 所示。

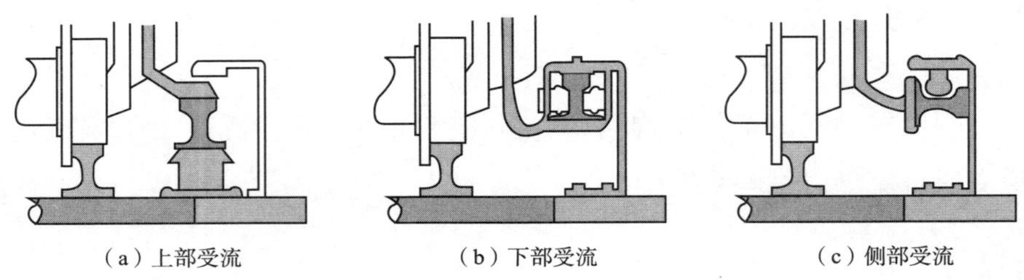

（a）上部受流　（b）下部受流　（c）侧部受流

图 4-3　接触轨受流方式

（1）上部受流

上部受流为接触轨正放，轨面朝上固定安装在专用绝缘子上，并且由固定在枕木上的弓形肩架予以支持，如图 4-3（a）所示。由接触轨、绝缘子、三轨夹板、防护支架、防护板、端部三轨弯头、防爬器等构件组成。受流器滑板从上压向接触轨轨头顶面受流。受流器的接触力是由弹簧的压力调节的，受流平稳，由于端部弯头的过渡作用，能够减少在断电区的电流冲击。我国北京地铁 1 号、2 号、4 号、5 号、10 号、13 号线和八通线均采用上部受流方式。

（2）下部受流

下部受流方式为接触轨倒放，如图 4-3（b）所示，其通过绝缘肩架、橡胶垫、扣板收紧螺栓、支架等安装在底座上。车辆受流器通过与接触轨的下底面接触获取电能。我国武汉地铁及俄罗斯莫斯科地铁均采用下部受流接触轨方式。

（3）侧部受流

侧部受流方式为接触轨侧放，如图 4-3（c）所示，侧面接触式就是接触轨轨头端面朝向走行轨，集电靴从侧面受流。跨座式独轨车辆就采用侧面接触形式。其受流器装在转向架下部，接触轨装在轨道梁上。侧部受流形式，是近年来新开发的一种接触轨悬挂方式，其在国内应用很少，在国外加拿大多伦多士嘉堡捷运线、马来西亚吉隆坡的PUTRA LRT线中有所使用。

3. 接触轨的材质

接触轨材质根据材料导电性可分为两种：一种为高电导率低碳钢导电轨，另一种为钢铝复合轨。近几年来随着复合材料的发展，不锈钢与铝合金通过机械方法或冶金结合方法加工而成的钢铝复合接触轨已取代低碳钢接触轨，被广泛采用。

低碳钢导电轨主要的特点是质量大、电阻高、磨耗小、制作工艺成熟、价格较低。钢铝复合轨是由钢和铝组合而成，其工作面是钢，而其他部分是铝，如图4-4所示。它的主要特点是电导率高、电阻小、质量轻、电能损耗低、磨耗小，使用寿命可以达到50年以上。

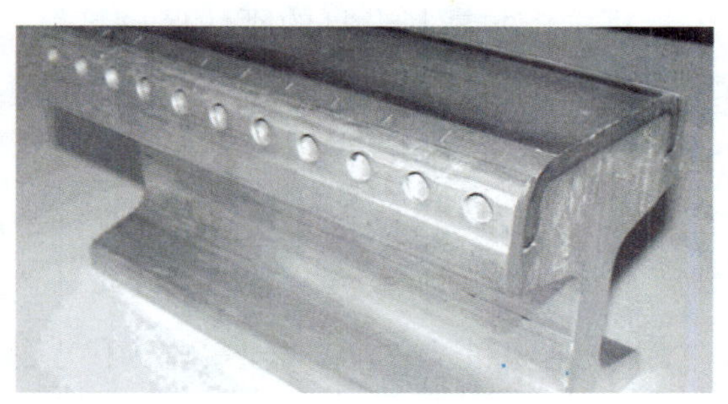

图4-4 钢铝复合轨

4.2.2 架空接触轨

在直流牵引供电系统中，当供电电压较高（高于1 kV）时，出于安全的考虑，一般采用架空接触轨供电，如图4-5所示。国际上接触轨电压等级的发展趋向是DC 1 500 V和DC 3 000 V。目前，我国架空接触轨系统标称电压均为DC 1 500 V。刚性架空接触网一般适用于地铁地下段或隧道内。地面及高架桥若要采用刚性架空接触轨则必须安装专用支架来悬挂支撑，投资较大。

图 4-5　刚性架空接触轨

架空接触轨根据有无接触线分为刚性架空接触轨和带接触线接触轨。由于无接触线刚性架空接触轨接头较多，受电弓高速运行时离线电弧现象严重，现多采用带接触线接触轨。带接触线架空接触轨是将接触线夹装在汇流排中，并靠其自身的刚性保持接触线的固定位置，使接触线不因重力而产生弛度。

1. 刚性架空接触轨的结构

刚性架空接触轨主体结构也称为汇流排。汇流排一般用铝合金材料制成，以汇流排的形状分，刚性架空接触网有两种典型代表，即以日本为代表的“T”形结构和以法国、瑞士等国为代表的“π”形结构，如图 4-6 所示。

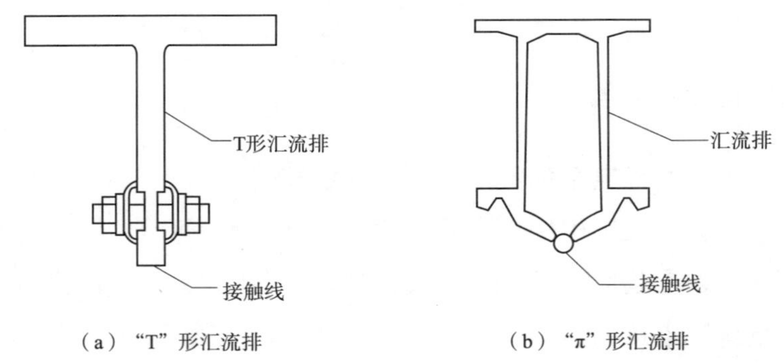

（a）“T”形汇流排　　（b）“π”形汇流排

图 4-6　刚性架空接触轨汇流排

二者相比“T”形汇流排自重略大，跨距较“π”形小，因而“T”形在造价上高于“π”形。我国目前采用的刚性架空接触网均为“π”形，如广州地铁 2 号线、南京地铁 2 号等。

2. 刚性架空接触轨的安装与受流

刚性架空接触网的“π”形结构和“T”形结构，均可分为单接触线式和双接触线式。接触悬挂通过支持与定位装置安装于隧道顶或隧道壁上，如图 4-7 所示。

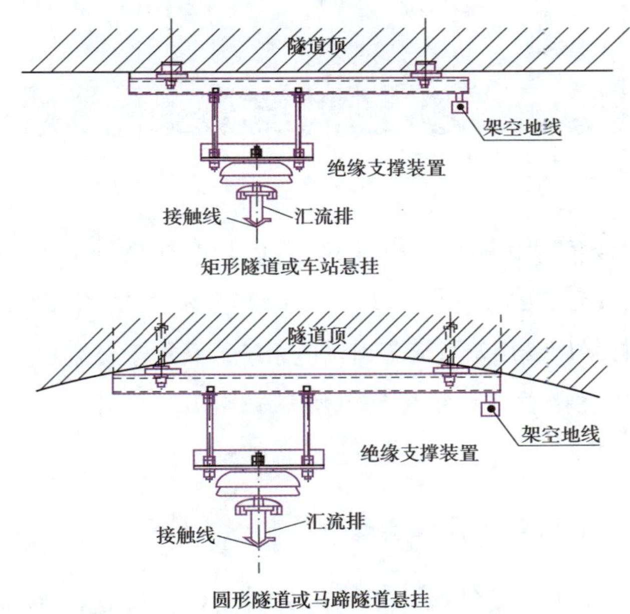

图 4-7 “π”形刚性悬挂安装图

刚性架空接触网与柔性接触网相同，均采用受电弓方式取流。车辆顶部安装的受电弓产生抬升力，使受电弓滑板从下向上压在接触线上，获取电能。

4.3 柔性接触网

柔性接触网一般简称接触网，主要用于铁路干线、工矿的电力牵引线路，也用于城市轨道交通地面线路等。特别需要指出的是对于高速铁路系统，由于列车运行速度快，受流质量要求高，目前只有柔性接触网才能满足其运行需求。如图 4-8 所示。

图 4-8　柔性接触网

柔性接触网的供电电压等级很多，在国际上有 DC 600 V、DC 750 V、DC 1.5 kV、DC 3 kV，AC 15 kV、AC 20 kV、AC 25 kV 等。也就是说柔性悬挂接触网既用于直流牵引供电系统，又用于交流牵引供电系统。目前，我国柔性接触网系统标称电压只采用 IEC 推荐的 DC 1.5 kV 和 AC 25 kV 两种。

4.3.1　柔性接触网的悬挂类型

柔性接触网根据其结构的不同可分为简单接触悬挂和链型接触悬挂两大类。

链型悬挂是一种运行性能较好的悬挂形式，接触线通过吊弦悬挂在承力索上，承力索悬挂在支持装置的腕臂上。这种结构在不增加支柱的情况下增加了悬挂点，通过调节吊弦长度使接触线在整个跨距中对轨面的高度基本保持一致，并减小了接触线在跨中的弛度，改善了接触线弹性，能够满足电力牵引车辆高速运行时取流的要求。

链型悬挂一般分为简单链型悬挂和弹性链型悬挂两种。简单链型悬挂结构如图 4-9 所示，主要的线索由接触线、承力索和吊弦组成。其结构简单，造价较便宜，运行、检修经验丰富。目前，京津城际线路采用的接触网悬挂方式便是简单链型悬挂。弹性链型悬挂结构如图 4-10 所示，基于简单链型悬挂，在支柱悬挂点处增设了弹性吊索和弹性吊弦，其作用是增加支柱处接触线固定点（又称定位点）的弹性，使其弹性均匀分布，有利于车辆受电弓取流。

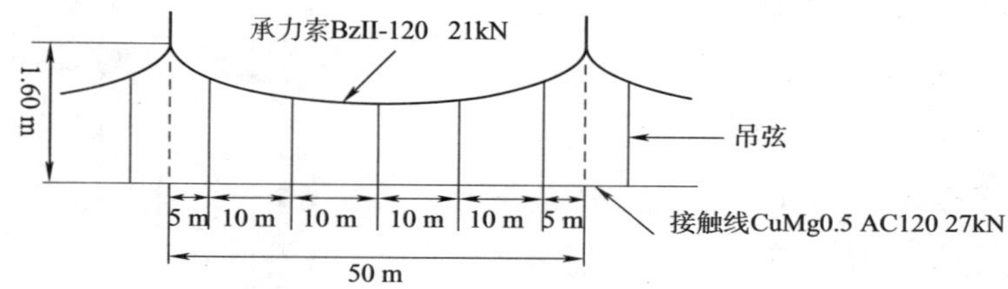

图 4-9 简单链型悬挂示意图

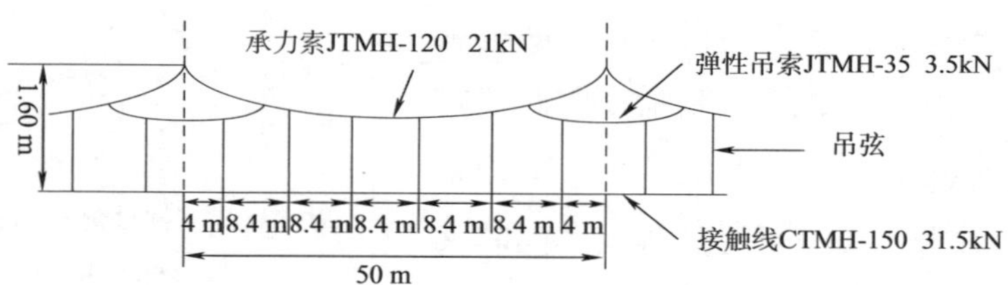

图 4-10 弹性链型悬挂示意图

为提高受电弓滑板的使用寿命，接触线一般采用“之”字形布置方式。直链型布置是指承力索和接触线布置在同一垂直平面内，它们在水平面上的投影是一条直线，如图 4-11 所示。

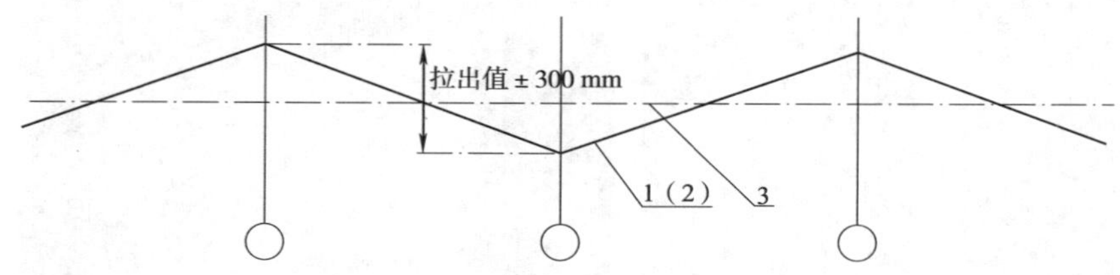

图 4-11 直链型布置的俯视示意图

1—接触线；2—承力索；3—线路中心

4.3.2 接触网的组成

接触网是沿铁路上空架设的一条特殊形式的输电线路，它由接触悬挂、定位装置、支持装置、支柱与基础等几部分组成，如图 4-12 所示。

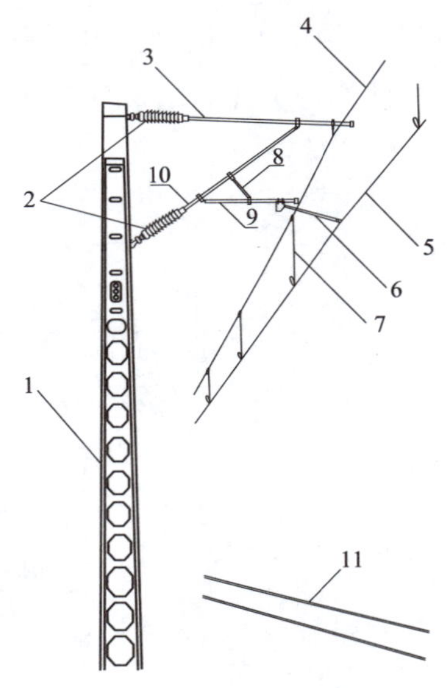

图 4-12　支柱处悬挂布置

1—支柱；2—棒式绝缘子；3—平腕臂；4—承力索；5—接触线；6—定位器；7—吊弦；8—定位管支撑；9—定位管；10—斜腕臂；11—钢轨

1. 接触悬挂导线

(1) 接触线

接触线是接触网最重要的主要组成部分。接触线的材质、工艺及性能对接触网的性能起着重要作用。一般要求它具有较小的电阻率、即较好的导电能力；要有良好的抗磨损性能，即较长的使用寿命；要有较高强度的机械性，即较强的抗拉能力。接触线一般制作成两侧带沟槽的圆柱状，如图 4-13 所示。沟槽是为了使用线夹夹持固定接触线，同时又不影响受电弓滑行。接触线应有一定的制造长度，并被缠绕在线盘上，以满足安装的需要。

(a) 横截面

(b) 线盘

图 4-13　接触线

接触线按照材质主要分为铜接触线、钢铝接触线和铜合金接触线。我国电气化铁路建设初期，采用的是铜接触线；90 年代以后，随着电气化铁路的大幅度提速和高速电气化铁路建设的需要，我国研制了铜银合金、镁铜合金等铜合金接触线。铜合金接触线以其抗拉强度高、耐高温性能好的优势逐渐被人们所认可，目前已成为我国高速铁路接触导线的主流产品。

（2）承力索

承力索的作用是通过吊弦将接触线悬挂起来。要求承力索能够承受较大的张力和具有抗腐蚀能力，并且在温度变化时弛度变化较小。承力索的结构一般是单芯式的多层绞线，由一根金属线在中心，其外面绕若干层金属线制成，如图 4-14 所示。承力索根据材质一般可分为铜或铜合金承力索、钢承力索、铝包钢承力索三类多种规格。按照设计时承力索是否通过牵引电流，还可以将承力索分为载流承力索和非载流承力索。

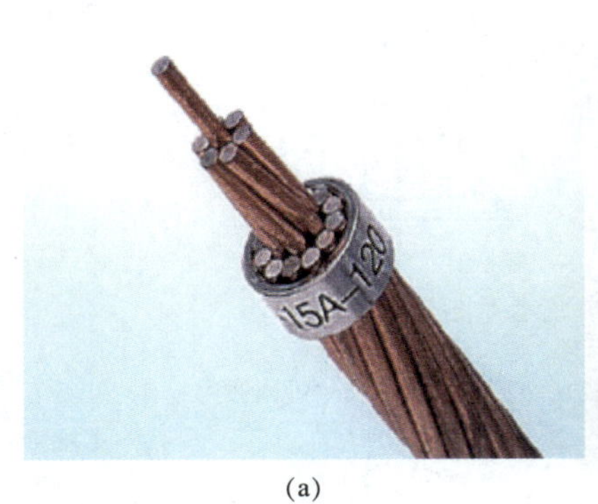

(a)

(b)

图 4-14 承力索

（3）吊弦

吊弦是链型悬挂的重要组成部件之一。接触线通过吊弦挂在承力索上，增加了接触线的悬挂点，提高电力牵引车辆受电弓的取流质量。调节吊弦的长度可以改变接触悬挂的结构高度和接触线距轨面的工作高度。

采用载流承力索后，在车辆受电弓取流时，吊弦上有电流流过。如果吊弦各连接处接触不良，就会产生明显的烧蚀，严重时吊弦烧断，造成接触网故障。因此，现在有整根由耐腐蚀铜合金软铜绞线制成的整体吊弦，逐步替代了传统的环节吊弦。

整体吊弦主要有两种形式，压接式整体吊弦和可调式整体吊弦，分别如图 4-15（a）和图 4-15（b）所示。压接式整体吊弦的长度一定，而可调式整体吊弦的长度可根据现场实际安装情况进行调整。但是，压接式整体吊弦比可调式整体吊弦有更高的可靠性。实物如图 4-16 所示。

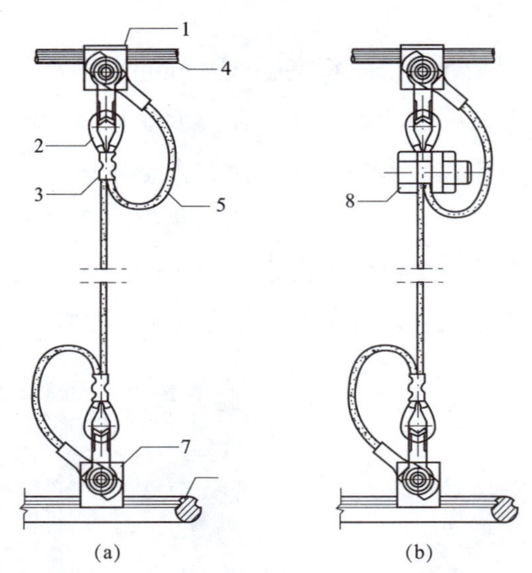

图 4-15　吊弦示意图

1—承力索吊弦线夹；2—心形环；3—压接管；4—承力表；
5—导流尾线；6—接触线吊弦线夹；7—接触线；8—可调螺栓

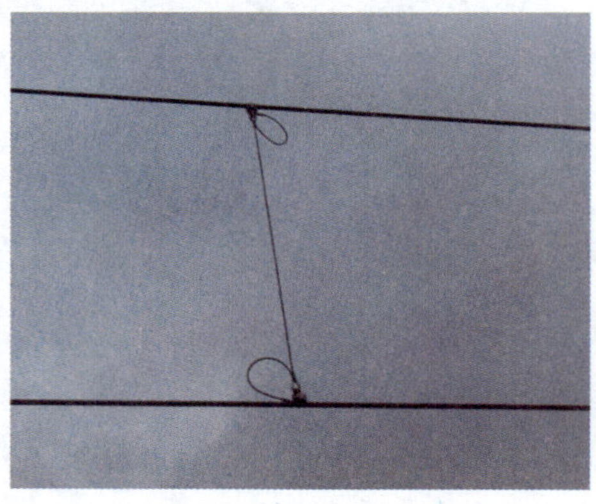

图 4-16　压接式整体吊弦

2. 接触网的支持和定位装置

(1) 支持装置

把定位装置和承力索安装到支柱上的装置就是接触网支持装置。腕臂由腕臂(伸臂)与上拉杆(平腕臂)组成的,如图 4-17 所示。主要为承力索和定位装置提供安装位置,多用钢管、铝合金管加工而成。一般要求其有足够的机械强度,结构尽量简单、轻巧,易于施工安装、维修更换。另外还要能够横向摆动,以适应导线随温度变化而形成的横向位移。

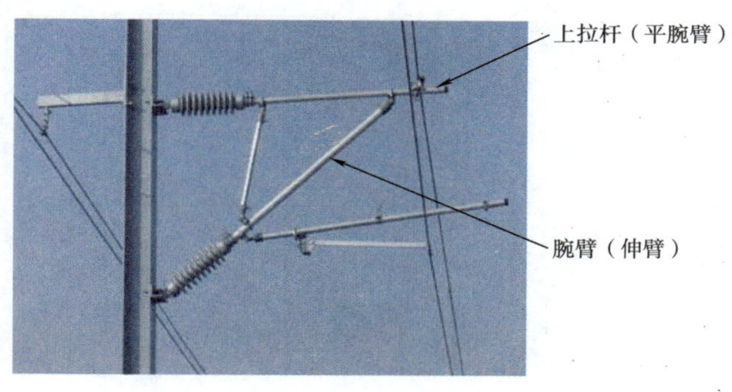

图 4-17 腕臂

(2) 定位装置

定位装置是接触网悬挂结构中的主要组成部分。它是在定位点处对接触线实现相对于线路中心的横向定位装置。也就是说,定位装置的作用就是根据技术要求,把接触线进行横向定位。具体地说,就是在直线区段,相对于线路中心把接触线拉成“之”字形;在曲线区段,相对于受电弓中心运行轨迹拉成其切线或割线。

定位装置由定位器和定位管等组成。定位装置根据支柱所处位置、功用及地形条件不同,定位装置的形式也不同。主要的定位形式有正定位和反定位。

如图 4-18 所示,定位器的一端利用定位线夹固定接触线,并使其离开线路中心,拉向支柱侧。拉出值一般为 200～300 mm。如图 4-19

所示，反定位是把接触线拉向支柱反方向，与正定位一起使接触线呈“之”字形布置。

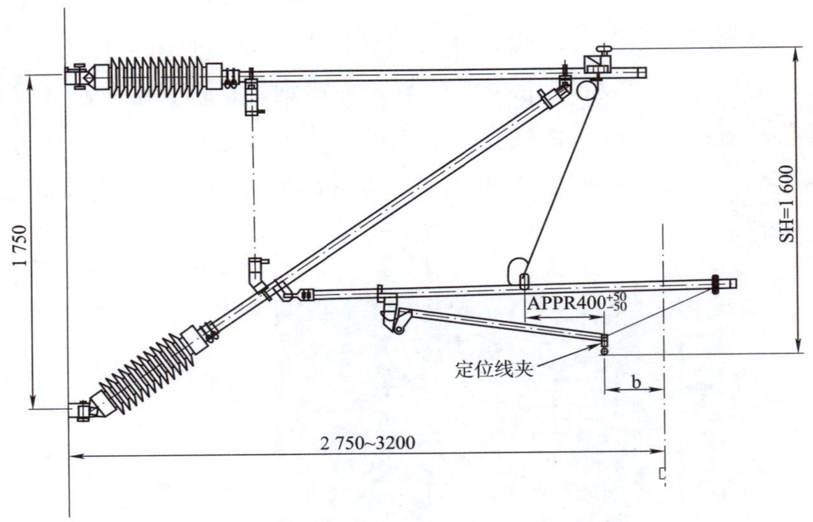

图 4-18　正定位（单位：mm）

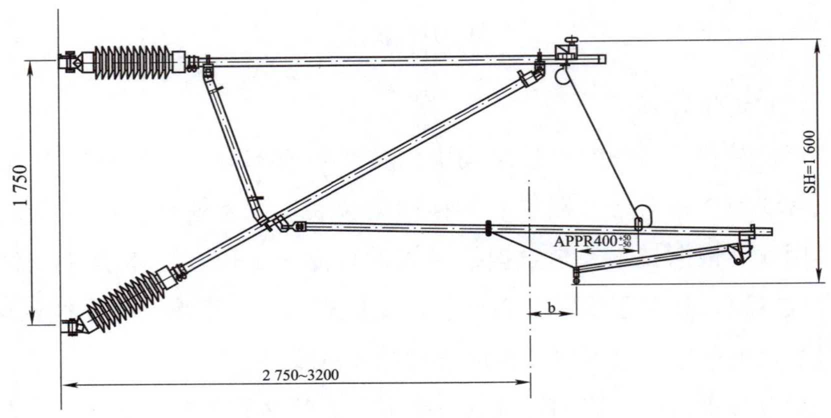

图 4-19　反定位（单位：mm）

定位装置的技术要求：①动作要灵活。在温度发生变化，接触线沿线路方向发生横向移动时，定位装置应能以固定点为圆心，灵活地随接触线沿线路方向进行相应变动。②质量轻，上下动作自如。在受电弓通过定位点时，受电弓会抬升接触线。这时它应能上下活动，有一定的抬升量，不产生明显硬点。③具有一定的风稳定性。

4.3.3 接触网系统的构成

1. 锚段

在一条线路上，为满足供电和机械受力方面的需要，要将接触网分成若干一定长度且相互独立的分段，这种独立的分段称为锚段，结构如图 4-20 所示。

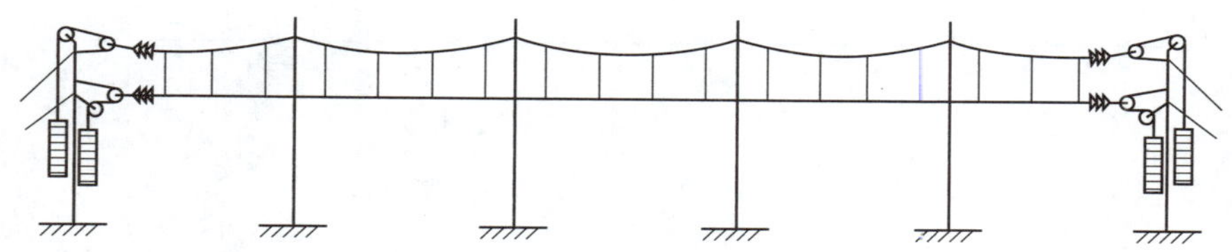

图 4-20 简单链型悬挂的锚段结构示意图

锚段的作用：设立锚段可以缩小事故范围，当发生断线或支柱折断等事故时，由于各锚段间在机械受力上是独立的，不影响其他线段的接触悬挂，则使事故限制在一个锚段内；便于在接触线和承力索两端设置补偿装置，以调整线索的弛度与张力；还缩小了因检修而停电的范围；有利于供电分段，配合开关设备，满足供电方式的需要。

2. 锚段关节

接触网两个相邻锚段的衔接区段（重叠部分）称为锚段关节。锚段关节结构复杂，其工作状态的好坏直接影响接触网供电质量和轨道车辆取流。轨道车辆通过锚段关节时，受电弓应能平滑、安全地由一个锚段过渡到另一个锚段，且弓网接触良好，取流正常。

锚段关节按用途可分为非绝缘锚段关节和绝缘锚段关节两种。非绝缘锚段关节仅用作接触悬挂在机械方面的分段，电气方面仍然相连接。即两个锚段在电气上不绝缘，又称电不分段锚段关节；绝缘锚段关节除机械分段外，可以实现同相电分段，并在转换支柱上设置隔离开关实现导通、关断。

按锚段关节的所含跨距数可分为二跨、三跨、四跨、五跨锚段关节等几种不同形式。目前，常用的是三跨和四跨锚段关节。图 4-21 为四跨锚段关节，包括两根锚柱、两根转换柱和一根中心支柱形成 4 个跨距。电力牵引车辆受电弓在中心支柱处实现两锚段的转换和过渡。

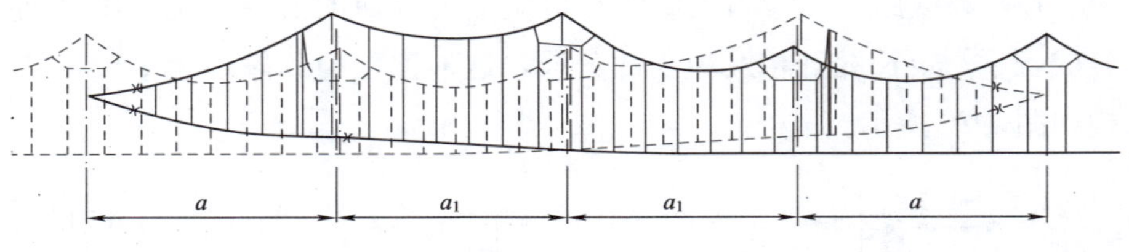

图 4-21　四跨锚段关节结构图

3. 电分相

在单相交流牵引供电系统中，电力牵引车辆由单相电供电，为了平衡电力系统的 A、B、C 各相负荷，一般要实行 A、B 相轮流供电。所以 A、B 相之间要进行分开，这称为电分相。目前，自动过电分相技术的实现主要采用：车载断电自动过电分相装置和地面自动转换电分相装置。

（1）车载断电自动过电分相装置

车载断电自动过电分相装置如图 4-22 所示。列车按照图示方向行进时，2 号、4 号车载感应装置应可靠接受到 1 号地面感应器的信号，这个信号为预备信号，控制装置作好断电准备；在列车继续前进时，1 号、3 号车载感应装置应受到 3 号地面感应器信号，这时，控制装置立即执行断电过分相动作；2 号、4 号车载感应装置经过 3 号地面感应器后，恢复列车正常运行。车载断电自动过电分相装置通过分相区时，车辆断电时间长，列车运行速度降低。

（2）地面自动转换电分相装置

地面自动转换电分相装置原理如图 4-23 所示，电分相处设置 JY1、JY2 两处绝缘，一般由锚段关节式电分相实现，绝缘间是中性区。在

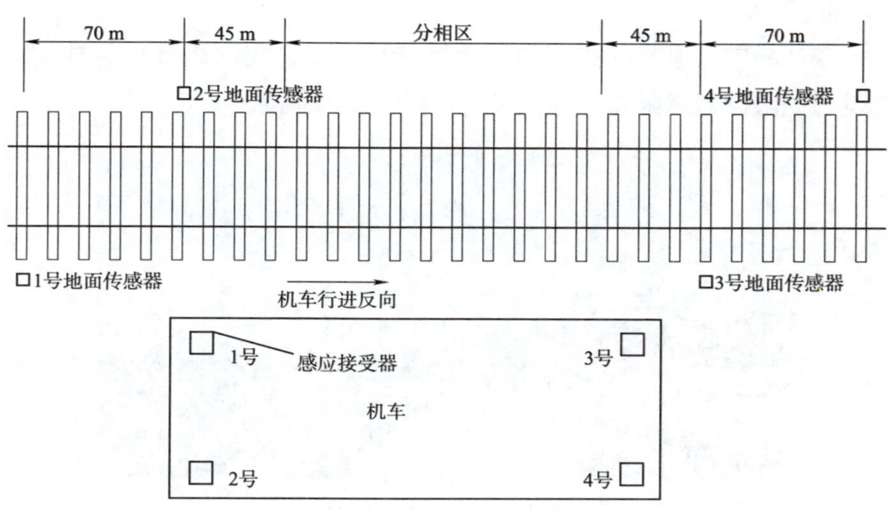

图 4-22　车载断电自动转换电分相装置

JY1、JY2 两端跨接两个真空断路器 QF1、QF2，当列车从 A 相驶来，到 CG1 处时，开关 QF1 闭合，中性段接触网由 A 相供电，列车通过 JY1 时，JY1 两端等电位；列车到达 CG3 时，QF1 断开，QF2 迅速闭合，完成中性段供电的换相变换，列车在此过程中可以不用任何附加操作；待列车驶离 CG4 处时，QF2 断开，装置恢复原始状态。

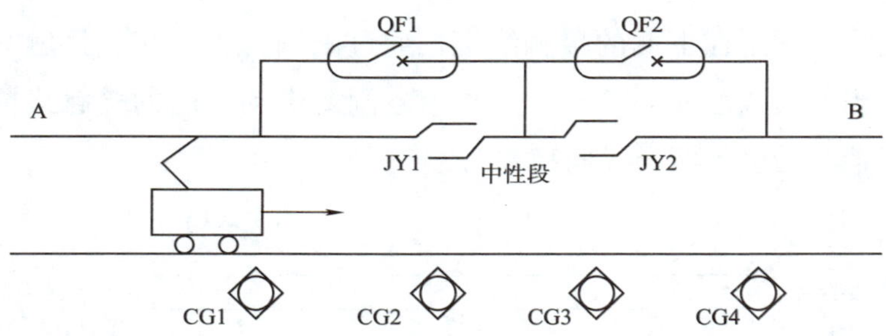

图 4-23　地面自动转换电分相装置原理图

这种自动过分相装置的优点在于：车上主断路器无须动作，地面断路器自动切换时接触网中性段，车辆瞬间断电时间很短（仅约 0.3 s），列车运行速度无变化，适用于高速铁路接触网。

4. 线叉

在站场内的道岔处必有两组接触悬挂交叉，在两组接触悬挂交叉处设置的限制器或限制管称作线岔，如图 4-24 所示。

图 4-24　道岔处的线岔

(1) 线岔的结构

线岔的作用是在转折的地方，保证使电力牵引车辆受电弓由一个股道顺利地过渡到另一个股道。当一组接触悬挂的接触线被受电弓抬高时，另一组接触悬挂的接触线也必须同时抬高，以使接触线不致发生刮弓现象。图 4-25 为线岔的基本结构，接触网线岔是由两相交接触线、一根限制管和固定限制管的定位线夹、螺栓组成。限制管两端，用定位线夹固定在下面的接触线上，通过限制管将两相交接触线互相贴近，当上面接触线升高时，可利用限制管带动下面的接触线同时升高，以消除始触点两导线的高差。

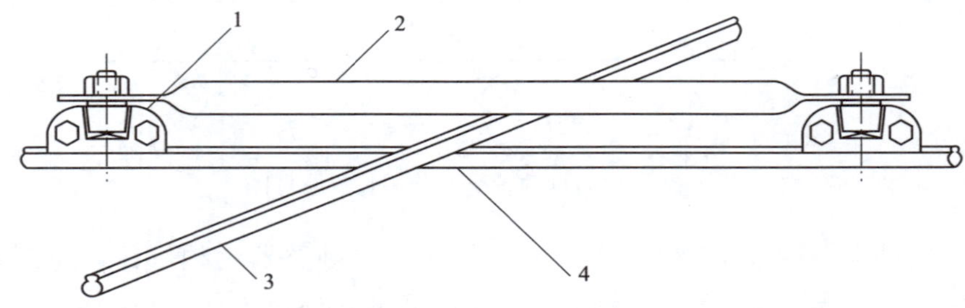

图 4-25　线岔的基本结构

1—定位线夹；2—限制管；3—侧线接触线；4—正线接触线

（2）高速无交叉线岔

无交叉线岔就是在道岔处，正线和侧线两组接触悬挂无相交点，如图 4-26 所示。无交叉线岔的最大优点是保证车辆能从正线高速通过，在平面布置时，应使侧线接触线位于正线线路中心以外。因此，列车从正线通过岔区时，与区间接触网一样正常受流，而与侧线接触悬挂无关。

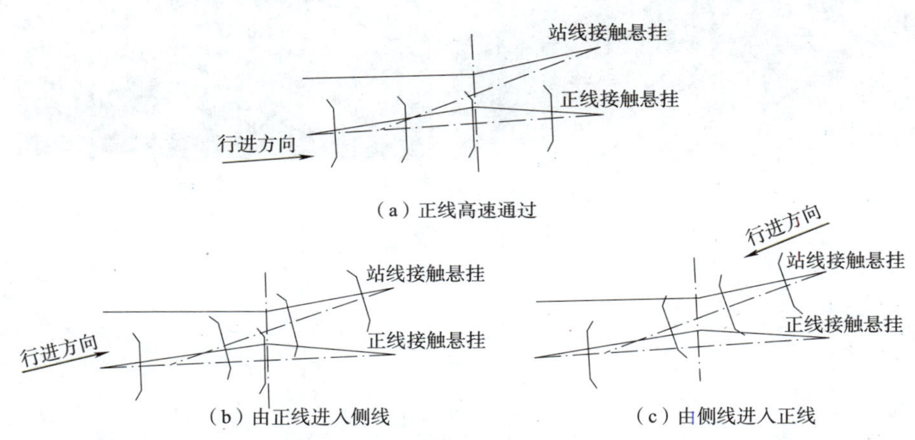

图 4-26 列车通过无交叉线岔时的过渡状态示意图

4.4 受　　流

4.4.1 受流器的构造

设置在电气机车车辆上，通过接触网获取电能的装置称之为受流器。受流器是构成电气机车车辆主电路的电气设备之一，承担地面设备与车载设备接口的作用。受流器主要分为集电靴和受电弓两大类，如图 4-27 所示。

1. 集电靴

集电靴系统主要由集电靴整件、集电靴供风单元箱、集电靴熔断器箱等组成。集电靴整件主要由绝缘底座、机架、气动升降装置、拉簧压力系统、调整齿板、升降靴止挡、受流臂、碳滑板及各连接部件等组成。集电靴结构如图 4-28 所示。

（a）集电靴

（b）受电弓

图 4-27　受流器

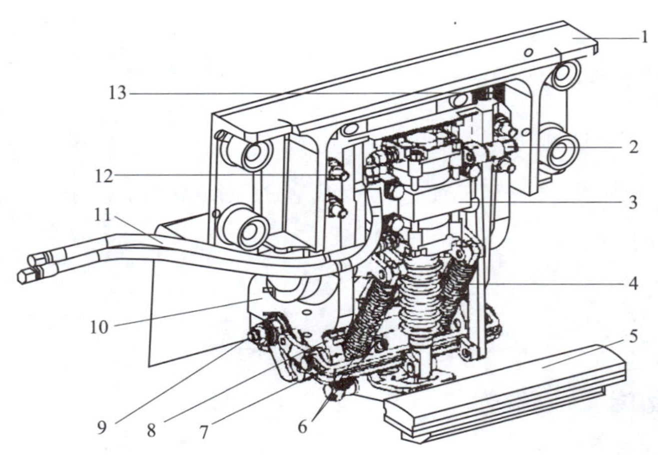

图 4-28　集电靴结构示意图

1—绝缘底座；2—手动回退装置；3—气动升降装置；4—拉簧压力系统；
5—碳滑板；6—集电靴止挡；7—回退柄；8—硬止动件；9—臂轴；
10—机架；11—气管；12—调整螺栓；13—调整齿板

2. 受电弓

受电弓是安装在电气列车上从接触线上集取电流的专用设备。由弓头、框架、底架和传动系统等部分组成，其几何形状可以改变。如图 4-29 所示。

图 4-29　受电弓外形及其结构

1—升弓气囊；2—下臂杆；3—平衡拉杆；
4—弓头支架；5—弓头；6—上框架；
7—拉杆；8—阻尼器

4.4.2　高速受流

当列车由普通速度提高到高速运行时，受电弓与接触网的相互作用显得极为重要，因为电能传输是限制实现最高速度的一个因素。

当列车高速运行时，高速运动的受电弓在接触线上滑行取电。在接触点，受电弓对接触线有一个垂直向上的力，使接触线在垂直方向上有一个抬升，并向水平方向高速运动。这样，受电弓就使接触网产生了一个振动波，使受电弓与接触线之间的接触压力产生变化，弓网间的关系处于一个动态接触状态。当接触压力＞50 N 时，弓网间良好接触，受电弓正常受流；接触压力＜50 N 时，弓网间接触电阻变大，受电弓电压下降；接触压力＜0 时，弓网间将产生离线现象，并伴有离线电弧出现。

实际列车运行中的弓网离线电弧放电现象如图 4-30 所示。连续送电时没有电压降或电流损失，这就意味着受电弓与接触网之间必须一直保持机械接触，如果失去机械接触，就会发生燃弧。电弧对环境产生影响，引起干扰并加大弓网系统磨耗，但却能保证列车取流的持续性，这对移动接触能量传输非常重要。如果空气间隙增大，电弧熄灭会导致电流中断，车辆就会因为电源切断而失去牵引动力。同时弓网系统燃弧产生的高频电磁波，对频率高达 30 MHz 的调幅无线电传输产生干扰，在燃弧产生高频电磁波的同时，还产生强烈的噪声。

图 4-30　弓网离线电弧放电现象

实际上，动态受流性能就是受电弓在高速滑动接触中所具有的导电能力，它受许多因素的影响，诸如接触悬挂的弹性系数、接触线坡度、接触悬挂类型、接触线材质、受电弓稳定抬升力、抬升量、滑板材质、受电弓弓头归算质量以及列车运行速度、加速度、车辆类型和线路条件等。除了上述原因外，接触悬挂与受电弓在性能上的良好匹配也是动态受流的一个重要因素。不同的接触悬挂，应适配相应性能的受电弓，反之亦然。一旦受电弓的性能决定之后，只有与它相适配的接触悬挂类型，才能得到满意的受流效果。

5 轨道交通机车车辆

轨道交通机车车辆包括机车、动车组和城市轨道车辆，它们均由机械部分、电气部分、空气管路与制动系统等部分构成。本章将首先介绍轨道交通机车车辆的分类及组成，在此基础上重点介绍其中的电力牵引传动系统、辅助供电系统、列车网络控制系统的功能及结构原理。

5.1 轨道交通机车车辆概述

5.1.1 轨道交通机车车辆分类

1. 机车车辆分类

轨道交通机车车辆分为机车、动车组、城市轨道车辆。

（1）机车

机车是牵引或推送其他铁路车辆运行于铁路上，本身不装载营业载荷的自推进车辆，机车是铁路运输的重要工具。现代机车分为内燃机车及电力机车。内燃机车是以内燃机作为原动力，通过传动装置驱动车轮的自带动力的机车，图 5-1 为用于青藏铁路的 NJ_2 型内燃机车。电力机车是由外部接触网供电、由牵引电机驱动车轮的能量非自给型机车，图 5-2 为 HXD_1 型电力机车。根据电传动方式的不同，电力机车又可分为直流传动电力机车及交流传动电力机车。

图 5-1　NJ_2 型内燃机车

图 5-2　HXD_1 型电力机车

(2) 动车组

动车组是指将一定数量的动力车和非动力车连挂，形成固定编组的运行单元。通常将动力车简称为动车，非动力车简称为拖车。以内燃机为动力的动车组称为内燃动车组，以接触网提供的电力为动力的动车组称为电力动车组。动车组分为动力集中和动力分散两种类型，分别如图 5-3 所示。

在动力集中型动车组中，动力车集中放置于运行单元的一端或两端，且动力车通常不载客。在动力分散型动车组中，动力车分散布置在运行单元内，且单元内所有车辆均载客。图 5-4 是法国 ALSTOM 动力集中型动车组，图 5-5 是和谐号 CRH_{2A} 动力分散型动车组。

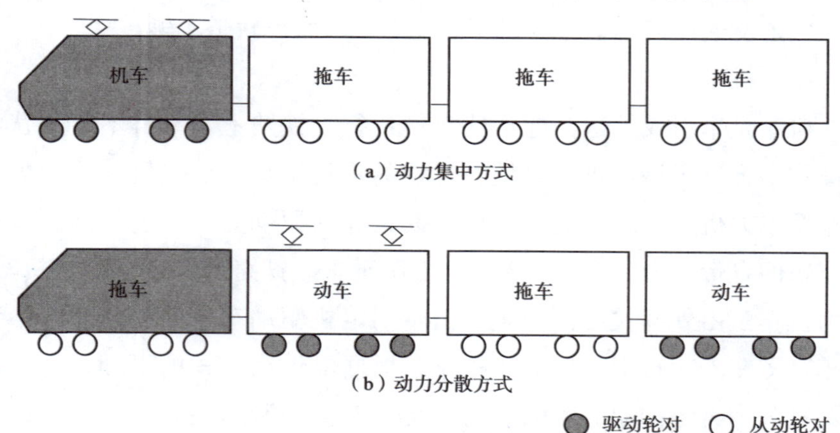

图 5-3　动力集中与动力分散型动车组示意图

图 5-4 法国 ALSTOM 动力集中型动车组

图 5-5 CRH_5 动力分散型动车组

（3）城市轨道车辆

城市轨道交通是指具有固定线路、铺设固定轨道、配备运输车辆及服务设施等城市公共交通设施。城市轨道交通有许多种形式，一般分为市郊铁路、地铁、轻轨、独轨、自动导向系统（新交通系统）、有轨电车、磁悬浮等形式。根据不同的分类方法，可以将这些轨道交通形式进行分类。

①按交通运能分类：可分为高运量、中运量和小运量 3 类。高运量系统是指高峰期小时单向运输能力达到 3 万人以上的运输系统，如市郊铁路、大运量地铁（图 5-6）等；中运量系统是指高峰期小时单向运输能力为 1.5～3 万人的运输系统，包括轻运量地铁、高运量轻轨、独轨（图 5-7、图 5-8）等；小运量系统是指高峰期小时单向运输能力为 0.5～1.5 万人的运输系统，包括低运量的轻轨（图 5-9）、有轨电车（图 5-10）等。

图 5-6 地铁车辆

图 5-7 跨座式独轨车辆

图 5-8 悬挂式独轨车辆

图 5-9 轻轨车辆

图 5-10 有轨电车

②按线路铺设方式分类：可分为地下（隧道）、高架和地面 3 种形式。高、中运量轨道交通一般采用地下和高架铺设方式，小运量轨道交通一般采用地面铺设方式。

③按线路隔离程度分类：可分为全隔离、半隔离和不隔离 3 种形式。全隔离的轨道交通与其他交通体系完全隔离，不受平交道路与人车的干扰；半隔离的轨道交通在沿线都与其他交通体系隔离，只是在交叉路口仍与人车混行，受信号灯系统控制；不隔离的轨道交通系统完全与其他交通系统混合出行，其行为受交通法规限制。

④按轨道材料分类：可分为钢轮钢轨系统（如地铁、轻轨、有轨电车等）和橡胶轮混凝土轨道梁系统（如独轨等）。

⑤按导向方式分类：可分为轮轨导向（如地铁、轻轨、有轨电车等）及导向轮导向（如独轨等）。

⑥按牵引方式分类：可分为旋转电机牵引方式和直线电机牵引方式。

2. 我国主型电力机车、动车组简介

(1) 我国主型电力机车简介

1958 年，我国成功研制出 $6Y_1$ 型直流传动电力机车（图 5-11），这是我国自主研发的首台电力机车。1968 年，我国首个商业化的电力机车韶山$_1$（SS_1）型电力机车（图 5-12）开始小批量生产。韶山$_1$型电力机车的批量生产标志着我国进入直流传动技术时代，从韶山$_1$型电力机车开始，我国陆续开发了从韶山$_1$型到韶山$_9$型（图 5-13）的韶山系列电力机车，技术水平达到国际先进水平。21 世纪初，随着技术的进步，交流传动技术逐步取代直流传动技术，韶山系列机车停产，我国直流传动技术时代结束。

图 5-11 $6Y_1$ 型直流传动电力机车

图 5-12 韶山$_1$型直流传动电力机车

图 5-13 韶山$_9$型直流传动电力机车

1979 年，第一台 E 型采用大功率异步电动机驱动的交—直—交电力机车在德国诞生，开创了电力机车发展的新纪元。20 世纪 90 年代，欧洲、日本等主要机车制造厂商几乎都停止了直流传动电力机车的生产，交流传动电力机车已成为世界电力机车发展的主流。中国在交流传动机车技术方面的研究开始于 20 世纪 70 年代末。1991 年株洲电力机车厂和株洲电力机车研究所开始研究设计 AC 4 000 V 型交—直—交传动电力机车，1995 年第一台机车试制成功。从 AC 4 000 V 型开始，我国陆续研制了“奥星”、“天梭”等交流传动电力机车，这些交流传动机车的研发，为我国交流传动技术的发展打下了坚实的基础。

进入 21 世纪，在中国铁道总公司（原铁道部）的统一指挥下，通过技术引进、消化吸收及再创新，我国成功研制生产出 HXD_1 系列、HXD_2 系列、HXD_3 系列“和谐号”交流传动电力机车，这三个系列电力机车分别由中国南车集团株洲电力机车有限公司、中国北车集团大同电力机车有限责任公司、中国北车集团大连机车车辆有限公司生产。中国全面进入交流传动技术时代。图 5-14 和图 5-15 分别为 HXD_1 型 8 轴电力机车和 HXD_3 型 6 轴电力机车。

我国主型交流传动电力机车主要技术参数如表 5-1 所示。

表 5-1　我国主型交流传动电力机车技术参数表

	HXD_1	HXD_{1B}	HXD_2	HXD_{2B}	HXD_3	HXD_{3B}
轴式	$2(B_0—B_0)$	$C_0—C_0$	$2(B_0—B_0)$	$C_0—C_0$	$C_0—C_0$	$C_0—C_0$
轮周功率（kW）	9 600	9 600	10 000	9 600	7 200	9 600
轴重（t）	23/25	25	23/25	25	23/25	25
启动牵引力（kN）	700/760	570	700/760	584	520/570	570
持续牵引力（kN）	494/532	422	514/554	455	370/400	506
最大电制动力（kN）	461	346	470/510	400	370/400	480
持续速度（km/h）	70/65	81.9	70/65	76	70/65	68.2
最高运营速度（km/h）	120	120	120	120	120	120

图 5-14 HXD1 型 8 轴电力机车

图 5-15 HXD3 型 6 轴电力机车

（2）我国主型动车组简介

进入 21 世纪，中国高速列车的研发制造也步入了一个快速发展期。2004 年，我国通过引进国外高速铁路先进技术，立足国内、自主创新，成功研制出 CRH1 型、CRH2 型、CRH3 型、CRH5 型、CRH380A 型及 CRH380BL 型“和谐号”系列动车组（图 5-16）。其中，CRH1 型动车组由青岛四方—庞巴迪铁路运输设备有限公司（BST）生产、CRH2 型、CRH380A 型动车组由中国南车集团四方机车车辆股份有限公司生产、CRH3 型动车组由中国北车集团唐山轨道客车有限责任公司生产、CRH5 型动车组由中国北车集团长春轨道客车股份有限公司生产、CRH380BL 型动车组由中国北车集团唐山轨道客车有限责任公司和长春轨道客车股份有限公司联合生产。各型号动车组主要技术参数如表 5-2 所示。

表 5-2 我国主型动车组技术参数表

	CRH1	CRH2-200	CRH2-300	CRH3	CRH5	CRH380AL	CRH380BL
最高运营速度（km/h）	250	250	350	350	250	380	380
列车长度（m）	213.5	201.4	201.4	200	211.5	403	400
编组形式	5 动 3 拖	4 动 4 拖	6 动 2 拖	4 动 4 拖	5 动 3 拖	14 动 2 拖	8 动 8 拖
动力配置方式	分散	分散	分散	分散	分散	分散	分散
转向架方式	独立式	独立式	独立式	独立式	独立式	独立式	独立式
定员（人）	668	610	610	557	601	1 061	1 026

续上表

	CRH_1	CRH_2-200	CRH_2-300	CRH_3	CRH_5	CRH_{380AL}	CRH_{380BL}
车体宽度（mm）	3 331	3 380	3 380	3 257	3 200	3 380	3 257
列车重量（t）	420.4	345	366	425.08	451	732	1 000
最大轴重（t）	16	14	14	17	17	15	17
牵引总功率（kW）	5 500	4 800	8 200	8 800	6 770	20 440	18 400

图 5-16 “和谐号”动车组

3. 车辆牵引基本原理

轨道交通车辆的牵引力是由所有的牵引电动机共同产生的，其过程可用图 5-17 说明。

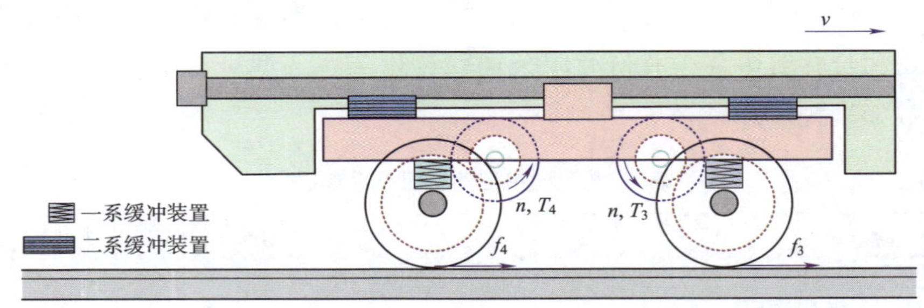

图 5-17 列车的牵引力传递过程示意图

图 5-17 中，车体的质量通过由橡胶和钢板复合而成的二系缓冲装置作用在转向架上，转向架再通过与轮对轴之间的一系缓冲装置（弹簧），将质量传递到钢轨上。一根轴的两个车轮压在钢轨上的质量称为

轴重。

转向架上的两个电机在变流器的控制下，以转速 n 旋转，并产生电磁转矩 T。电机与轮对之间通过齿轮实现力的传递，轮对轴上的大齿轮与电机轴上的小齿轮的直径的比值是一个固定值，称为传动比。

大齿轮与轮对轴是紧配合的，因此它得到的转矩会传递到轮轨的作用点上，并在该点处形成对钢轨的推力。钢轨对轮对产生大小相等、方向相反的力 f，称为轮周牵引力。f 本质上是由轮轨之间的“黏着”（可以按照“摩擦”理解）机制产生的，其最大值 f_{max} 等于轴重与轮轨黏着系数的乘积。如果电机的转矩过大，有可能大于轮轨接触条件所能提供的最大黏着力 f_{max}，此时轮轨之间将发生相对滑动的现象，称为空转。空转将造成动轮和钢轨的擦伤，应尽量避免。

轮周牵引力 f 首先传递到固定轮对的框架——转向架上，再由转向架与车体之间的中央支承，将牵引力传递到车体上，最后通过车体上的车钩装置将牵引力传递到车辆上。

由于上述从电机轴开始，直到轮轨作用点为止，力的传递途径上的部件都是刚性的，因此如果忽略传递过程中的损耗，可以推导出下列结论：①轮周牵引力 f 与电机的转矩 T 成正比；②列车的运行速度 v 与电机的转速 n 成正比；③列车的功率与所有电机的功率之和相等，即 $P = Fv = \sum n_i T_i$。

列车牵引力 F 与速度 v 之间的关系，即 $F=f(v)$，称为列车的牵引特性。牵引力 F 随速度 v 变化的规律通常用 F-v 平面上的曲线表示，称为牵引特性曲线。理想的牵引特性曲线通常由恒牵引力控制区和恒功率控制区两部分构成，如图 5-18 所示。

在列车的启动阶段，一般希望列车有较大的牵引力，尽快加速以减小启动过程的时间，同时为了保证启动过程的平稳，此阶段通常采取恒牵引力的控制策略。由于牵引力恒定，所以列车的功率 P 会随速度线性上升。

当列车功率上升到额定功率，或某一功率给定值时，不再希望它

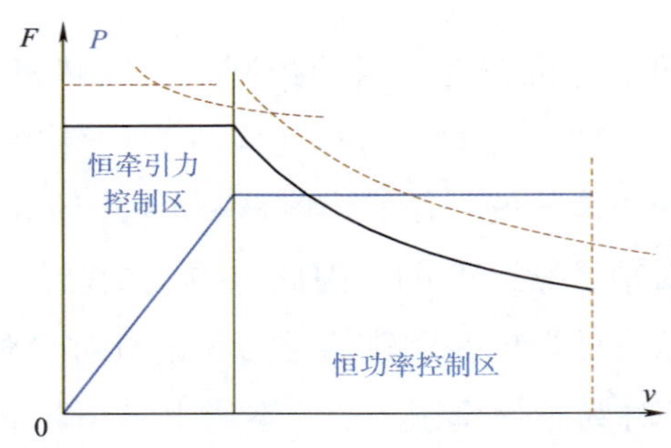

图 5-18　理想的牵引特性曲线

进一步上升，以免传动系统过热，此时一般希望列车以恒定的功率运行，以充分利用设备容量并提高列车的运行效率。

图 5-18 中还标出了牵引特性的 4 条限制线，从左到右依次为电机最大电流限制、轮轨黏着限制、最大功率限制、最高构造速度限制。在这 4 段线组成区域内的任意一点，列车的牵引特性原则上都是可以通过的，但列车的牵引特性一般按特定的规律设计，例如恒牵引力、恒功率、恒速控制。

另外，列车的牵引特性是通过变流器对牵引电机的电压实施控制实现的，因此，预定的牵引特性能否实现，不仅取决于变流器的控制策略，还取决于牵引电机的性能。

5.1.2　轨道交通车辆的组成

无论是机车、动车组，还是城市轨道车辆，都由机械部分、电气部分、空气管路与制动系统三部分组成，如图 5-19 所示。其中，电气部分包含的牵引电传动系统、辅助电气系统、微机网络控制系统，将在本章后续部分分别描述，本节主要介绍机械部分、空气管路与制动系统。

1. 机械部分

机械部分包括车体和转向架。转向架上部支撑着车体，下部轮对与轨道接触，由牵引电机将电能转化为机械能，从而驱动电力机车运行。

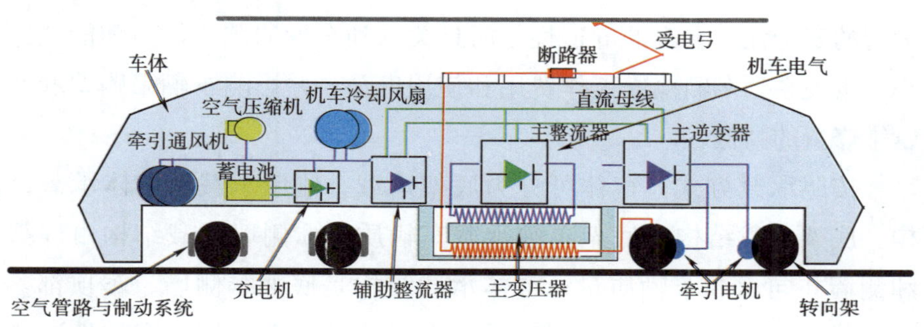

图 5-19　轨道交通车辆组成图

(1) 车体

车体是轨道交通车辆的主要承载部件，由底架、司机室、侧墙、顶盖、端墙、牵引缓冲装置等部分组成，如图 5-20、图 5-21 所示。

图 5-20　带司机室的车体图

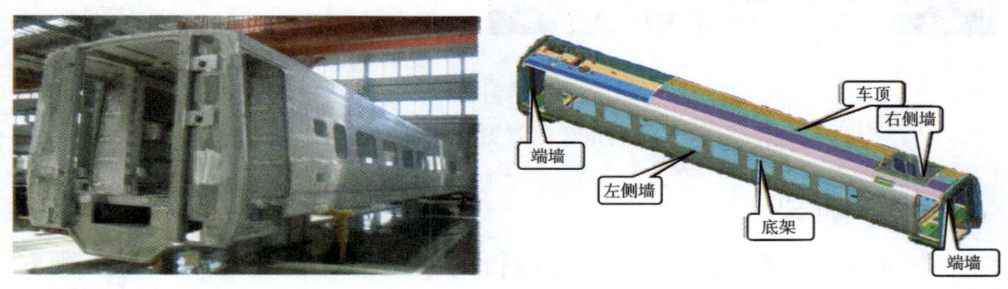

图 5-21　不带司机室的车体图

按照使用材料，车体可以分为：碳素钢车体、不锈钢车体、铝合金车体。车体材料的选择不但影响车体的强度和刚度，直接关系车辆运行的安全性和乘客的舒适性，而且关系到车辆的载客能力和能耗大小，也关系到车辆检修工作费用和使用寿命，并影响车辆采购费和运营维修费的高低。

按照承载方式，车体可分为底架承载、侧墙承载、整体承载结构。底架承载结构由底架单独承载车辆质量；侧墙承载结构由底架和侧墙共同承载车辆质量；整体承载结构是底架、侧墙、车顶都参与承载，这样能充分发挥所有承载零部件的承载作用，有效地减轻车体质量。

车辆编组成列运行必须借助于连接装置，即所谓车钩。为了改善列车纵向平稳性，吸收机车车辆连挂时以及列车在运行中由于传递牵引力、制动力的动态作用产生的纵向冲击力，在车钩的后部装设缓冲装置，以缓和列车冲动。牵引缓冲装置如图 5-22 所示。

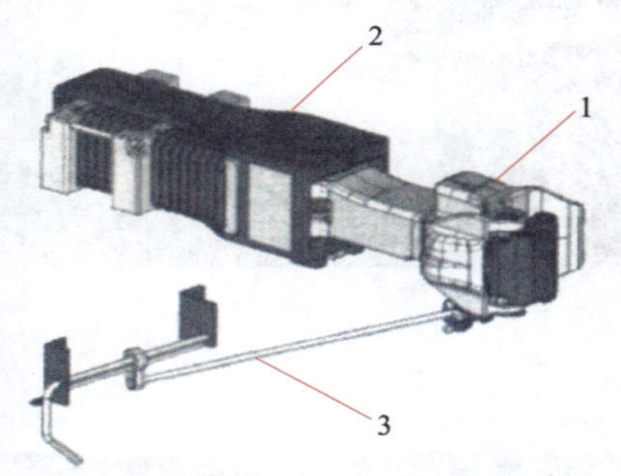

图 5-22　牵引缓冲装置

1—车钩；2—缓冲器；3—解钩装置

（2）转向架

转向架是保障机车车辆安全运行的关键部件之一，对机车车辆安全、舒适、可靠运行以及降低对轨道的冲击起到极为重要的作用。转向架承受车体传来的各种载荷，并传递牵引力、制动力，因此它必须具有足够的强度，并且具有良好的稳定性和曲线通过性能。

转向架主要由轮对组装、牵引装置、弹簧悬挂装置、牵引电机装置、基础制动装置、构架、轮缘润滑装置、管路和其他附属装置等构成，如图 5-23 所示。

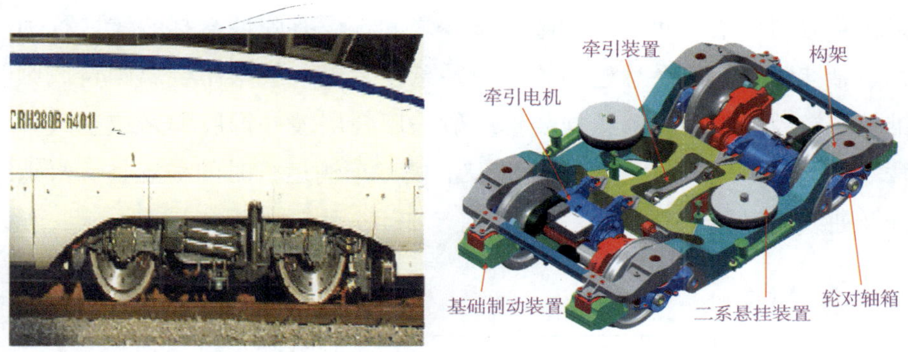

图 5-23　转向架

①构架

构架是转向架的主体，是连接转向架其他组成部分的骨架。它承受机车车辆上部所有设备的质量和传递机车车辆在运行中产生的各种动作用力，构架如图 5-24 所示。

②牵引电机装置

牵引电机装置包括牵引电机及齿轮箱，将电机输出转矩通过主动齿轮和从动齿轮传递给轮对，驱动轮对转动，实现对机车车辆的牵引。牵引电机装置如图 5-25 所示。

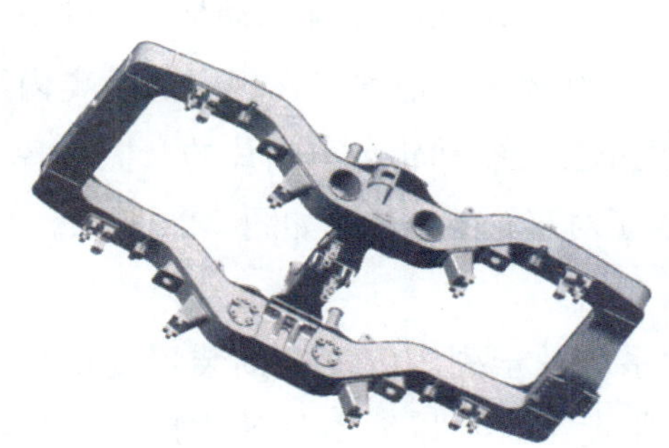

图 5-24　构架

图 5-25　牵引电机装置

③转向架悬挂装置

为了减少线路不平顺和轮对运动产生的对车体的各种冲击，转向架在轮对与构架之间以及构架与车体之间，设有弹性悬挂装置，称为一系悬挂装置和二系悬挂装置。一系悬挂装置一般采用金属圆簧或圆锥叠层橡胶弹簧，二系悬挂装置一般采用叠层缓冲橡胶弹簧或空气弹簧等。如图 5-26 所示。悬挂装置保证机车车辆运行时的稳定性、舒适性及曲线通过性能。

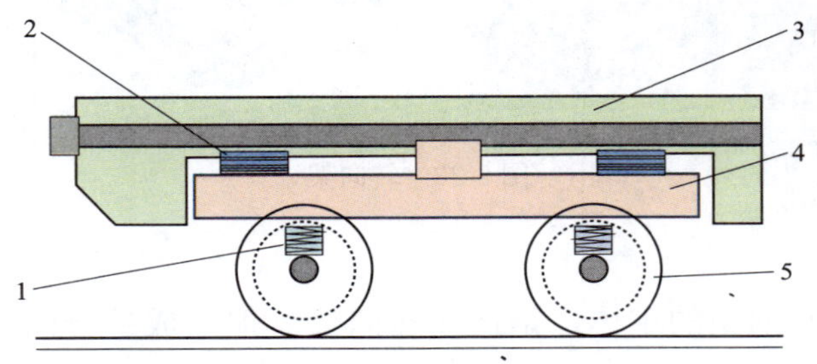

图 5-26　两系悬挂装置示意图

1——一系悬挂装置；2—二系悬挂装置；3—车体；

4—转向架构架；5—车轮

④基础制动装置

机车车辆均需设制动装置，以使运行中的列车按需要减速或在规定的距离内停车。制动包括电制动和基础制动，基础制动采用摩擦制动方式，摩擦制动又称机械制动，分为闸瓦制动和盘形制动。闸瓦制动是在压缩空气的作用下，闸瓦与车轮踏面接触产生摩擦力，使列车在规定的距离内停车，如图 5-27 所示。轮盘制动是用单独的制动轮盘与闸片的摩擦代替了闸瓦与车轮踏面的摩擦，从而减少了对车轮的磨耗，如图 5-28 所示。

2. 空气管路与制动系统

空气管路系统为机车车辆制动系统及全列车气动辅助装置提供洁净、干燥、气压稳定的压缩空气。制动系统在压缩空气的作用下产生机械制动力，保证机车车辆的安全可靠运行。空气管路与制动系统组成如图 5-29 所示。

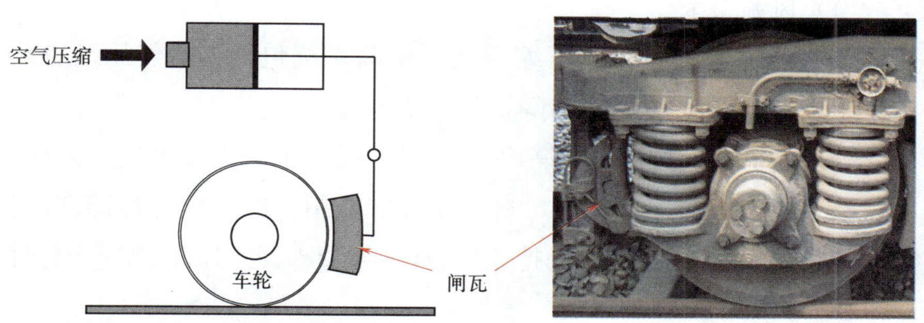

图 5-27 闸瓦制动

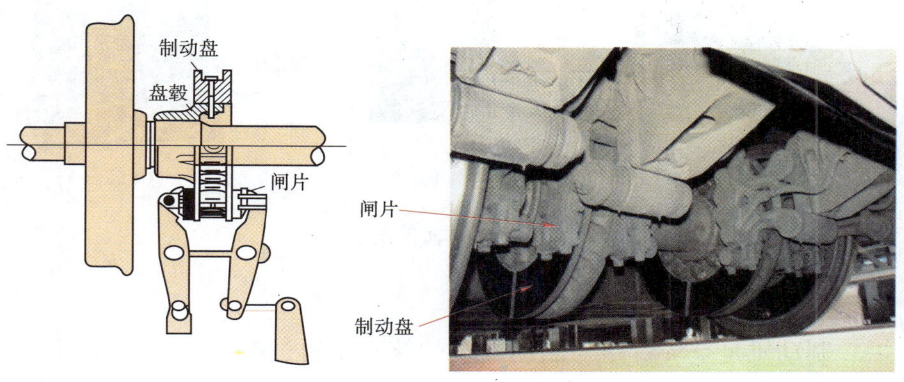

图 5-28 轮盘制动

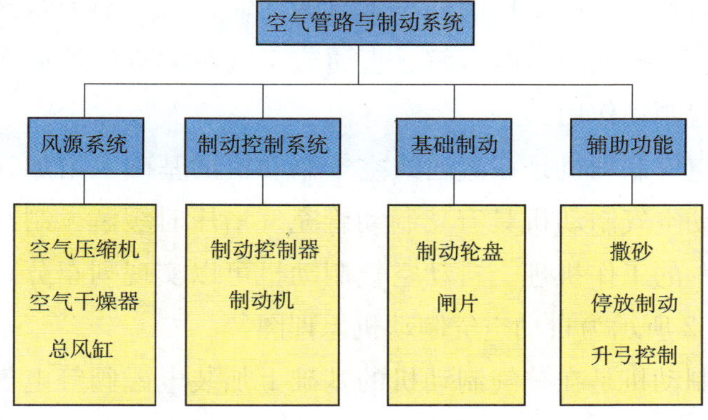

图 5-29 空气管路与制动系统组成

（1）风源系统

风源系统生产并存储压缩空气。风源系统包括：空气压缩机组、空气干燥器、总风缸及管路等，可分为压缩空气的生产、压力控制、净化处理、储存、风源保护等环节。压缩机用于产生压缩空气，压缩空气经主空气干燥器处理后，进入主风缸备用。通过压力传感器及控制系统，总风缸中的压力保持在 750～900 kPa 之间。风源系统如图5-30所示。

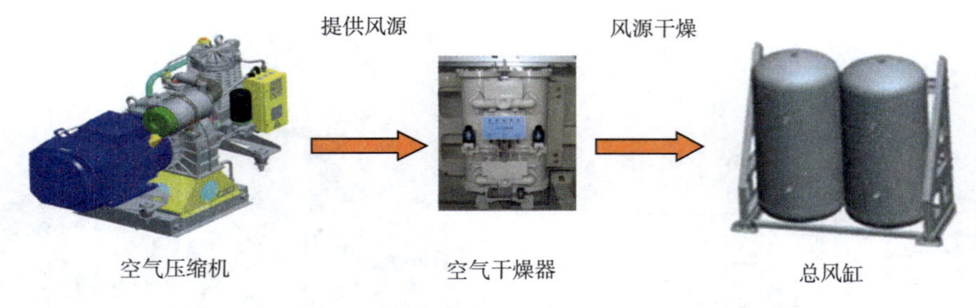

图 5-30　风源系统

（2）制动控制系统

制动机是空气管路与制动系统的核心，通过控制制动缸及列车管压力实现对机车车辆的制动及缓解控制。制动机分为直通式空气制动机、自动空气制动机和电空制动机，图 5-31 所示为直通式空气制动机原理。直通式空气制动机的列车管直通向制动管，制动管充气增压时制动，制动管排气减压时缓解。直通式空气制动机的致命弱点是列车分离时不起制动作用。

自动空气制动机是在直通式空气制动机的基础上增加三通阀和副风缸。自动空气制动机具有“制动管充气增压时缓解，制动管排气减压时制动”的工作机理。自动空气制动机可以实现列车分离时自动制动。图 5-32 所示为自动空气制动机原理图。

电空制动机是在空气制动机的基础上加装电磁阀等电气控制部件而形成的，制动作用的操纵控制用电信号，但制动作用的原动力还是压力空气，在制动机的电控信号因故失灵时，它仍可以实行空气控制。

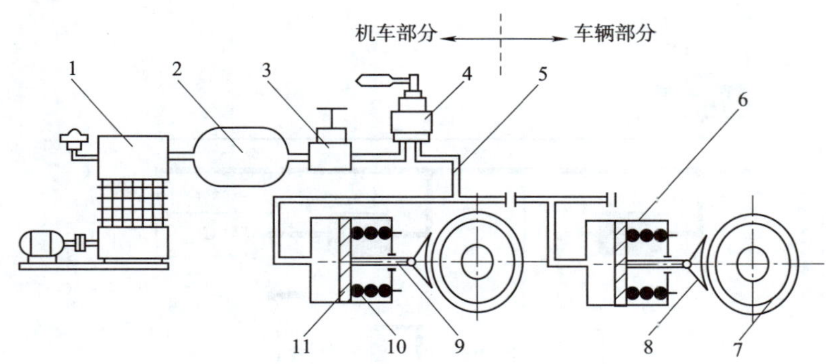

图 5-31 直通式空气制动机原理图

1—空气压缩机；2—总风缸；3—调压阀；4—制动阀；5—制动管；6—制动缸；7—车轮；8—闸瓦；9—制动缸活塞杆；10—制动缸弹簧；11—制动缸活塞

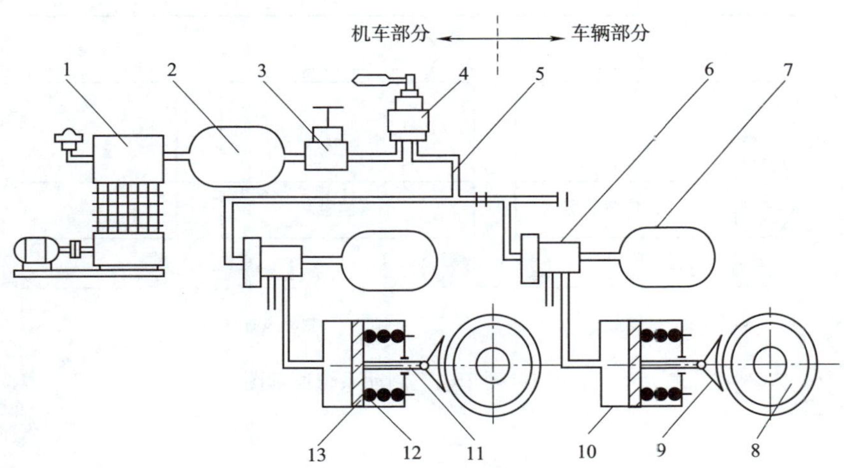

图 5-32 自动空气制动机结构原理图

1—空气压缩机；2—总风缸；3—调压阀；4—制动阀；5—制动管；6—三通阀（分配阀）；7—副风缸；8—车轮；9—闸瓦；10—制动缸；11—制动缸活塞杆；12—制动缸弹簧；13—制动缸活塞

电空制动机原理如图 5-33 所示。列车电空制动系统原理如图 5-34 所示。

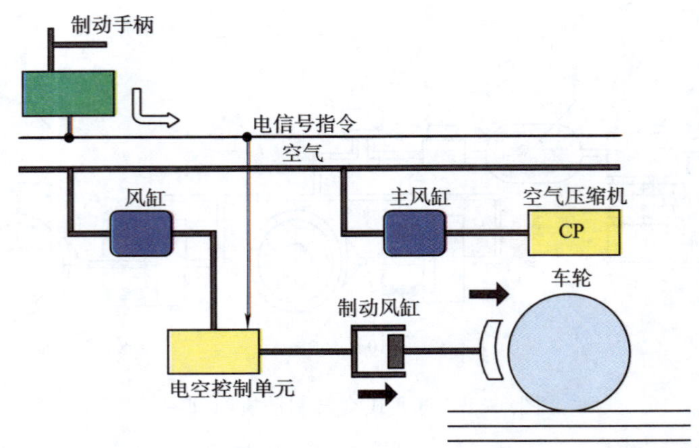

图 5-33　电空制动机

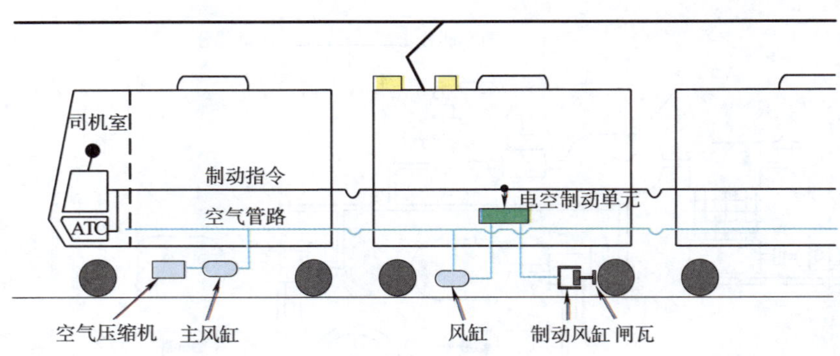

图 5-34　列车电空制动系统原理图

5.2　电力牵引传动系统

通过牵引传动系统对电能的变换与控制，实现对列车运行工况及牵引力（或制动力）的控制，从而按一定的要求实现列车速度的调节。本节将分析牵引传动系统的组成与功能，并分别介绍直流和交流传动系统的工作原理。

5.2.1 牵引传动系统的功能

1. 组成与功能

对应于单相工频牵引供电系统，机车的牵引回路主要由受电弓、主断路器、牵引变压器、变流器及牵引电机等构成，如图 5-35 所示。

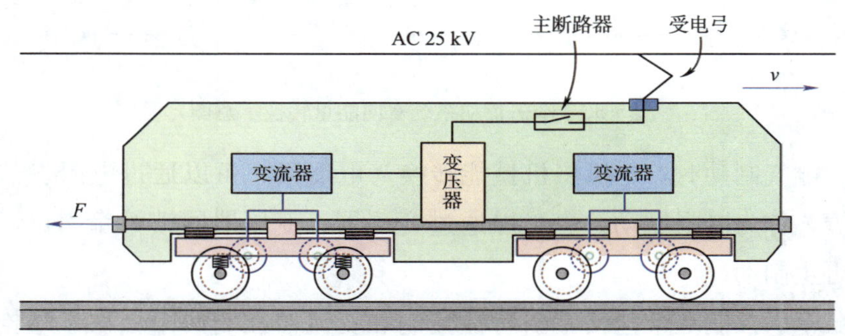

图 5-35 牵引传动系统组成示意图

牵引变压器将牵引网供给的 25 kV 单相交流电压降低，以满足变流器的工作电压（一般在 1～2 kV 左右）要求。对于“交—直”传动系统，变流器主要实现整流功能，通过相控整流将交流电压变为大小可控的直流电压；对于“交—直—交”系统，变流器首先通过脉宽整流将交流电变为大小基本恒定的直流，再将直流逆变为幅值和频率均可控的三相对称交流电。变流器输出可调的直流/交流电压，供给直流/交流牵引电机工作，产生所需要的牵引力。

从以上过程可以看出，牵引传动系统的基本功能是实现电能的传输，以及电能与机械能之间的转换。其中，牵引电机是实现电能与机械能之间转换的装置，是系统的控制对象；牵引变压器和变流器一起，对电能的传输过程实施控制，以得到所需要的能量转换结果，即列车的牵引力和运行速度。

牵引传动系统实际上是一个双向可逆的系统，既可以实现电能向机械能的转换，也可以实现机械能向电能的转换，前者对应于列车的牵引工况，后者对应于列车的电气制动工况，如图 5-36 所示。

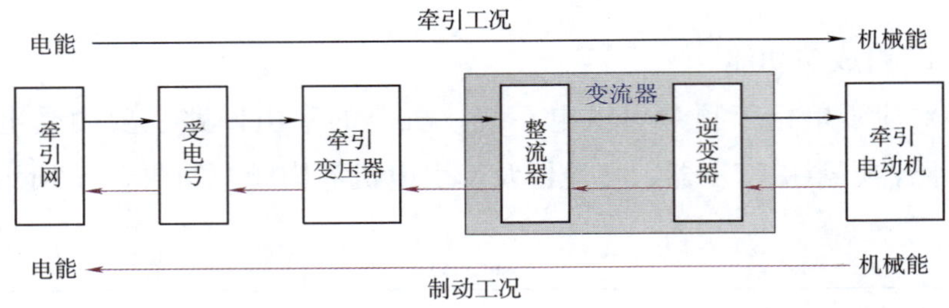

图 5-36　牵引传动系统双向能量转换示意图

电气制动时，电机将机械能转换为电能后，可以通过电阻发热消耗掉，称为电阻制动；也可以通过变流器、变压器回馈给牵引网，称为再生制动。

牵引控制通常包括牵引特性控制和变流器控制两个层次，结构上可以分为三个负反馈环路，如图 5-37 所示。

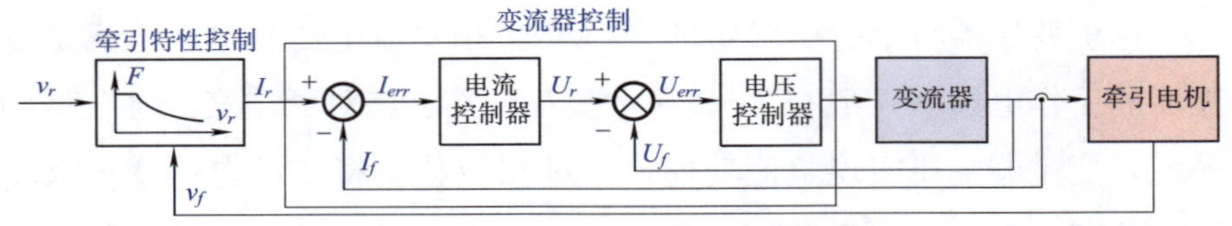

图 5-37　牵引传动系统控制结构示意图

控制台（人工或自动）给出期望的列车运行速度（或牵引牵引力，或速度与牵引力与的乘积——功率）指令 v_r，牵引特性控制环节按照 v_r 及电机速度反馈 v_f 计算出对应的电机电流指令 I_r；变流器闭环控制环节根据 I_r 及自身实际输出的电压 U_f、电流 I_f，依次由电流控制器、电压控制器计算出输出电压指令 U_r、和变流器的控制信号。这样，通过三个负反馈闭环控制结构，变流器的输出电压和电流达到稳定状态，列车按照控制台的指令稳定运行。另外，控制系统还通过反馈信号的检测和判断，实现电流、电压、牵引力的限幅控制，以及过流、过压、空转状态的保护。

2. 牵引电机的特性及控制要求

(1) 列车牵引特性与电机机械特性之间的关系

上一节“轨道交通车辆牵引基本原理”部分已经定于了列车的牵引特性 $F=f(v)$，即列车的牵引力 F 与速度 v 之间的关系，并且分析得出了列车的运行速度 v 与牵引电机的转速 n 成正比，列车的牵引功率 P 等于所有牵引电机的功率总和的结论。

对于牵引电机而言，电机的转矩 T 与转速 n 之间的关系，即 $T=f(n)$，定义为电机的机械特性。

如果列车所有电机总的驱动效果用一台电机等效，则以上结论就可以进一步表述为：列车的牵引特性曲线与电机的牵引特性曲线是相似的，只要适当调整坐标比例，这两个曲线就可以重合并相互表示。这个结论表明，在设计及实现列车的牵引特性时，可以从电机的机械特性的角度进行分析。

(2) 列车牵引对电机机械特性的要求

在电机技术的发展过程中，人们研制开发了多种形式的直流和交流电机。直流电机可进一步分为串励、并励和他励等三种基本形式，以及串励和并励的组合形式——积复励和差复励电机。交流电机按电磁关系可以分为异步感应电机和同步感应电机；按电源相数可分为单相和三相电机；按结构可分为旋转电机和直线电机。

在电力牵引技术的发展过程中，人们发现直流串激电机（即串励电机）和三相异步感应电机（包括直线异步感应电机）更适合用作牵引电机，这是因为它们能较好地满足列车牵引的要求。

图 5-38 同时表示了在一定电压条件下的直流串激电机机械特性、一定幅值和频率的交流电压条件下三相异步感应电机的机械特性、列车的理想牵引特性和列车运行阻力的曲线。

从图 5-38 中可以看出，两种电机在一定的供电条件下的机械特性，都分别可与列车理想的牵引特性及列车的运行阻力曲线相交于 a 点，即列车在该种电机的驱动下，可以稳定运行于 a 点。然而，两种电机

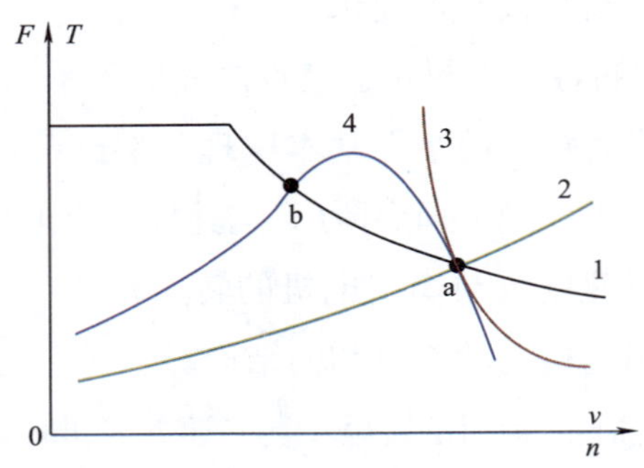

图 5-38 电机及列车的特性曲线

1—理想牵引特性；2—阻力；3—串激电机特性；4—三相异步电机特性

的特性与列车所需要的理想牵引特性相差甚远，在一定的供电条件下，将分别只有一个点在理想的曲线上。如果从这个意义上分析，这两种电机都将无法满足列车牵引的要求。然而，如果能改变电机的供电条件，从而得到一系列逐渐变化的电机机械特性，就有可能得到列车理想牵引特性曲线上更多的工作点，从而适应列车牵引的要求。这正是变流器要解决的问题，也是牵引传动系统的核心技术。

单就电机机械特性的形状而论，其机械特性应具有负的斜率，才能满足机械稳定性的要求。串激电机全范围满足这个要求，感应电机只有在其曲线右半部分的下降段才满足这个要求。

这里以感应电机的特性曲线 4 与阻力曲线 2 的交点 a 和 b 说明以上观点。在 a 点，牵引电机的转矩 T 与阻力 W 相等，列车匀速运行；当转矩发生微小的变化（例如增大）而阻力保持不变时，列车速度将有增大的趋势，工作点偏离 a 点向右变化；而随着速度 v 增大，T 将减小，同时 W 增大，这将阻止速度的提高，最终回到工作点 a。由于列车的阻力曲线通常是正的斜率，因此电机的曲线应具备负的斜率，或者至少要比阻力曲线的斜率要小，才能保证系统的机械稳定性。利用这样的分析方法可以推断，图 5-38 中感应电机特性曲线左半部分的 b 点是不能稳定运行的。

对电机特性的另外一个要求，就是其特性应尽可能陡一些，即转

矩 T 应随着转速 n 尽快降低，也就是特性要“软”一些，这样才可以尽可能减小由于电机的特性差异，或电机的工作条件差异（例如车轮的直径差异）而造成的电机输出功率的差异。

3. 牵引传动系统的作用

从以上分析可以看出，牵引传动系统的控制目标，就是在已选定牵引电机的条件下，通过变流器的调节和控制，分别在牵引和制动工况下，满足列车理想牵引特性的要求。列车的控制指标是牵引力 F 和速度 v，牵引电机的控制指标是转矩 T 和转速 n，它们存在对应关系。因而，牵引传动系统的作用，就是通过实时调节电机的电压 u 和电流 i，最终达到控制 T 和 n 的目的。

对应于直流牵引电机和交流感应电机，牵引传动系统存在直流和交流两种形式，以下分别讨论。

5.2.2 直流牵引传动系统构成及原理

直流牵引传动系统的一个主要特征，是牵引电机采用了直流串激电机，其结构及工作原理如图 5-39 所示。

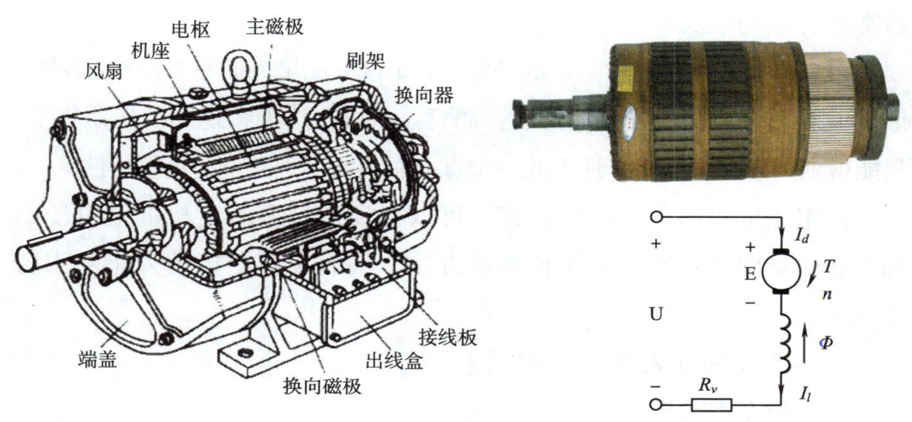

图 5-39 串激电机的工作原理

直流串激电机主要定子（包括机座、主磁极、换向磁极、电刷装置等）和转子（包括电枢铁芯、电枢绕组、换向器、转轴、风扇等）

两部分组成，如图 5-39 左半部所示。励磁绕组（即主磁极换向磁极）固定机座上；电枢绕组镶嵌在转子铁芯的槽中，两端与换向器的铜片连接，绕组之间相互绝缘并在换向器上通过云母片隔开；电枢绕组及换向器构成了电枢的主体，如图 5-39 右上所示。

电枢绕组与励磁绕组（即主磁极换向磁极）通过换向器及电刷装置连接，构成了图 5-39 右下部所示的串联回路。回路中还串接了一个电阻，它是回路的等效电阻，有时为了调速的需要，有意接入一个可调电阻，统一用一个电阻表示。

当在电机两端施加一定的直流电压 U 时，回路将有电流 I_d 流过，并由励磁绕组产生磁通 Φ。在 I_d 和 Φ 的共同作用下，电枢绕组将产生电磁转矩 T 并带动转子旋转，同时产生反电势 E。以上过程使电机很快进入一种稳定状态，电机以一定的转速 n 匀速旋转，并在电机轴上输出稳定的转矩 T。

串激电机的机械特性可以近似地表示为 $T=KU^2/\beta n^2$ 的形式，其中 T 是电机输出的转矩，n 是电机的转速，K 是由机械及电气参数决定的常数，U 是电机的端电压，β 是励磁电流 I_l 与电枢电流 I_d 的比值，通常称为磁场削弱系数。

可以看出，在 U 和 β 一定的条件下，T 随 n 的增大而平方反比地减小，形成了图 5-38 中的曲线 1 的形状。而且，电机在这种特定的工作条件下，只能得到列车理想牵引特性上的一个点，而不能得到完整的牵引特性。

由串激电机的机械特性方程，可以得到通过调节电机的端电压 U 和改变磁场削弱系数 β 的两种调速方法，从而实现期望的列车牵引特性曲线。

1. 调节电机输入电压 U 的调速方法

（1）恒牵引力控制区段

该区段的控制目标，是使转矩 T 保持恒定，即 T 不随转速 n 提高而变化。要达到这一控制目标，只需使电压 U 随 n 的增大而线性地增大，即保持 U/n 为一个常数 $C=(\beta T/K)^{1/2}$。

(2) 恒功率控制区段

该区段的控制目标，是使转矩 T 随转速 n 的提高而反比例地减小。由 $T=KU^2/\beta n^2$ 的关系式可以看出，只要使电压 U 按照 n 的平方根呈正比地增大，即 $U=(\beta P/K)^{1/2}n^{1/2}$，其中 P 为恒功率控制过程中的功率给定值。

2. 调节电机磁场削弱系数 β 的调速方法

对于调压的调速方法，随着电机转速 n 的提高，电压 U 不断增大，最终将达到电机正常工作所允许的最高电压 U_N，此时意味电机的端电压应保持在 U_N，因而调压调速的方法将不能继续采用，这就需要采用削弱磁场的方法以实现更高速度的调节。

磁场削弱一般是在恒功率区段的后半部分采用的，即随着转速 n 上升，转矩 T 将继续保持与 n 的反比关系。由 $T=KU^2/\beta n^2$ 的关系可以看出，要达到这一控制目标，就需要使磁场削弱系数 β 按照与 n 成反比地减小，即 $\beta=(KU_N^2/P)/n$。磁场削弱系数 β 的调节存在一个极限值 β_{min}，以保证电机能够正常工作。当 β 减小到 β_{min} 时，就意味着列车理想牵引特性的控制过程到达了终点。

3. 牵引特性的实现方案

在上述三种控制方法下，电机一系列的机械特性就可以由合成得到列车的牵引特性，如图 5-40 所示。

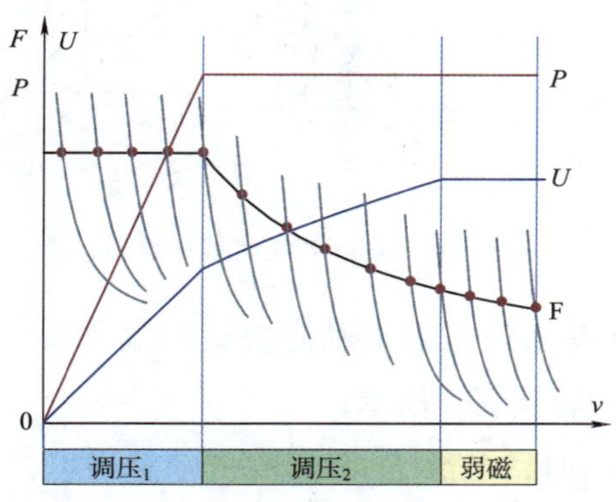

图 5-40 列车牵引特性曲线的合成

在设计列车的牵引特性时，需要综合考虑电机和变流器的因素，选择上述三种控制方式的最佳切换点，以得到最为合理的牵引特性曲线。在此基础上，通过相应的调压和调磁电路，按照电压和磁场的控制规律调节电机的端电压及励磁电流，实现列车的特性控制。

对于直流供电系统，电机的调速控制主要通过斩波器实现；对于交流供电系统，电机的调速则通过整流器实现，以下分别介绍这两种情况下的直流传动系统实现方案。

（1）直流斩波调压、调磁方案

斩波调压方案适用于直流供电系统，它是通过控制电子开关的通断，将电源与电机连接或断开的方法，使电机两端的平均电压发生变化，如图 5-41 中的斩波器 1 所示。

电子开关一般由全控型的器件（例如 GTO 或 IGBT）实现，可以采用固定开关周期、改变一个周期内的导通时间的方法，或固定开关每次导通的时间宽度、改变开关动作的频率的方法，达到调节电机平均电压的目的。前者称为定频调宽方案，后者称为定宽调频方案，其中定频调宽方案更为常用。

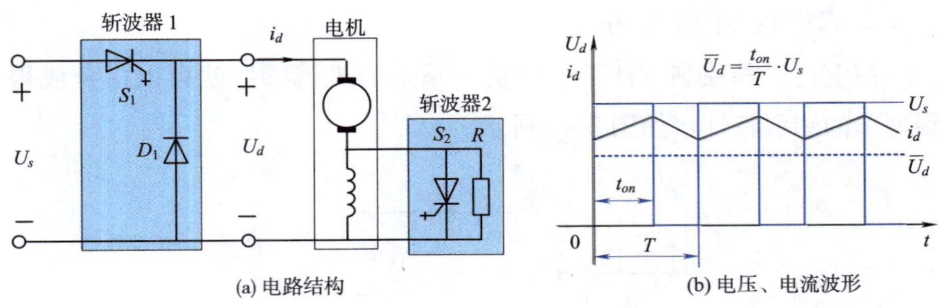

图 5-41　斩波调速原理示意图

斩波调磁方案是通过在电机励磁绕组两端并联一个电子开关实现的，如图 5-41 中的斩波器 2 所示。

当开关 S_2 关断时，电流 I_d 全部流过励磁绕组；当 S_2 导通时，I_d 经过 S_2 流通而不流经励磁绕组，励磁绕组中原有的电流经过电阻 R 流通并衰减。这样，励磁绕组的平均电流就可以通过 S_2 的定频调宽或定宽调频方式得到控制。斩波调磁方案不仅适用于“直—直”传动系统，也适用于“交—直”传动系统。

(2) 调压开关+二极管整流的有级调压方案

在“交—直”传动技术发展早期，只有功率二极管可以用于构成整流器，因此整流器本身不具备调压的功能。在该系统中，变压器副边绕组做了很多抽头，将电压分成了很多等分；利用称为“调压开关”的机械装置改变接入的变压器副边绕组的数目，从而达到调压的目的。系统的工作原理如图 5-42 (a) 所示。

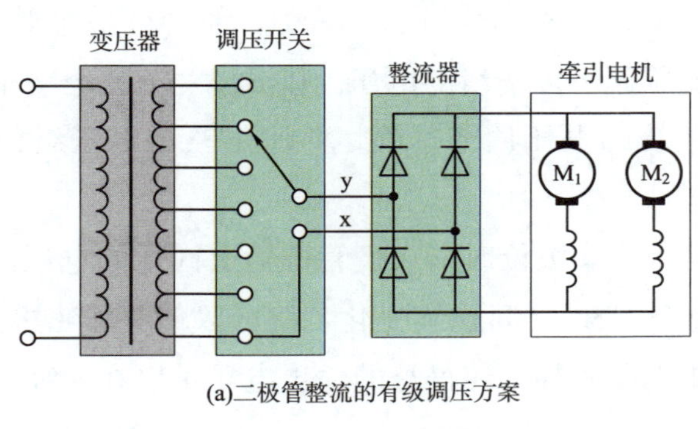

(a)二极管整流的有级调压方案

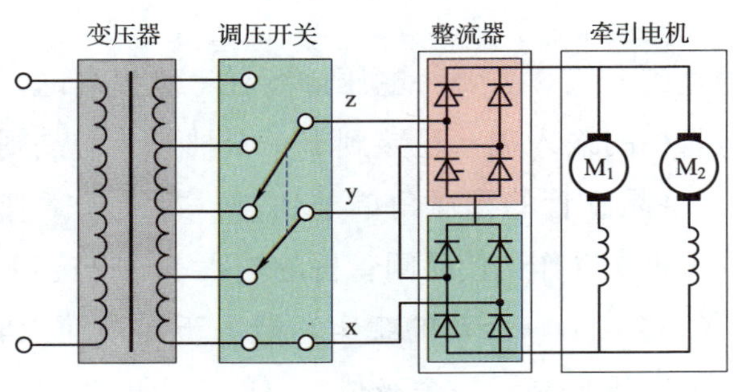

(b)相控过渡的无级调压方案

图 5-42 采用调压开关的调压调速系统原理示意图

在该系统中，变流器输出电压的调节是有级的，为了减小电机在级间切换过程中的电流冲击，级数设计得较多，以减小每级之间的电压变化幅度。例如，SS_1 型机车，设置了 33 个调压级，每级之间的电压差是交流 62.5 V。系统的关键技术问题主要是如何利用尽可能少的抽头数目，实现更多的调压级位，以及如何实现带载情况下运行级位之间的安全切换。由于电压是有级调节的，因此实际得到的列车牵引特性不连续，与理想的牵引特性存在一定的差距。

(3) 调压开关＋相控过渡的无级调压方案

随着电力电子器件的发展，晶闸管相控技术达到了列车应用的要求，但功率等级还比较低，在这样的背景下，发展了图 5-42 (b) 所示的“调压开关＋相控级间过渡”的无级调压方案。

整流器由晶闸管整流桥和二极管整流桥两部分串联而成，分别如图中整流器的上、下两部分所示。其中，前者分担主要的输出功率，后者只输入变压器一段绕组的电压。以 a、b、c 三个 3 个电压级位为例，说明该系统的电压调节过程，并假定三个电压级位的电压依次递增。

当系统运行于 a 级位时，二极管桥输出固定的电压，晶闸管桥的导通角度从 0°～180°之间连续变化，就可以使其输出电压连续调节，二个桥的输出电压叠加，使得总的输出电压可以在 a 级 b 级之间连续调节。

当电压值达到 b 级，需要将电压继续往 c 级提高时，①调压开关动作，将二极管桥的输入端 y 连接到下一个抽头（与晶闸管桥的输入端 z 重合）；②将晶闸管的导通角调整到 0°，封锁晶闸管桥的电压输出；③调压开关再次动作，使晶闸管桥的输入端 z 连接到下一个抽头。此时，晶闸管桥接入了一个新的绕组，但由于封锁而没有电压输出；二极管桥的输入电压提高了一个级位，总的输出电压保持在 b 级；随后，晶闸管桥的导通角度从 0°～180°之间连续变化，就可以得到 b 级与 c 级之间连续变化的电压输出。

通过以上过程，就可完成 a→b→c 三个电压级之间的无级升压调节过程。降压过程与之类似，在此不再赘述。

与二极管整流的有级调速方案相比，该方案实现了电压的连续调节，在整个电压调节范围内实现了理想的牵引特性。另外，由于不存在级位之间的电压突变，电压级位数目可以减少，变压器和调压开关的结构大为简化。然而，由于调压开关的存在，系统依然比较复杂，并且调压开关与晶闸管之间的协调控制需要特别考虑，降低了系统的安全性和可靠性。

（4）晶闸管多段桥的无级调压方案

如果给变压器的每个副边绕组都配置一个相控整流桥，然后将所有的整流桥串联起来给电机供电，就可以取消调压开关，进而构造一个无触点的晶闸管多段桥的调压调速系统。图 5-43 表示的就是一个不等分三段桥的无级调压方案。

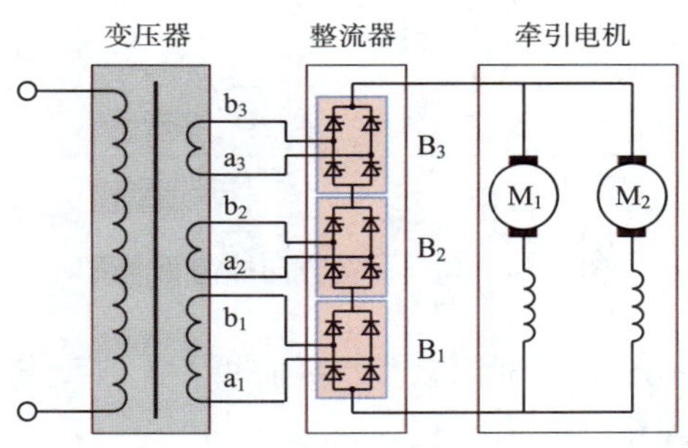

图 5-43　晶闸管三段桥无级调压方案示意图

图中，整流器由 B_1～B_3 三个相控桥串联而成，其中 B_3 是一个全控桥，另外两个是半控桥。变压器的副边有三个绕组，其中与 B_1 连接的绕组的输出电压是另外两个绕组的两倍。

依次调节整流桥 B_1、B_2、B_3 的晶闸管导通角，使它们从 0°～180°变化，就可以顺序得到 $0\sim0.5U_N$、$0.5U_N\sim0.75U_N$ 和 $0.75U_N\sim U_N$ 三个连续区段的输出电压值，其中 U_N 是电机的额定电压。

从这个过程可以看出，这个方案取消了调压开关，使系统结构和控制方法大为简化，增强了系统的可靠性和安全性。电压在整个调节范围内都是连续变化的，因此不仅可以完全实现列车的理想牵引特性曲线，而且由于系统取消了机械触点，使系统的响应速度提高，便于实现更为复杂的特性控制策略，例如准恒速控制。

4. 列车运行方向的控制及电阻制动

（1）运行方向控制

列车运行方向是由牵引电机的旋转方向决定的。改变直流电机旋转方向的方法，是改变励磁电流或电枢电流其中之一的方向。在干线机车中，通常采用改变励磁电流方向的方案，如图 5-44 所示。

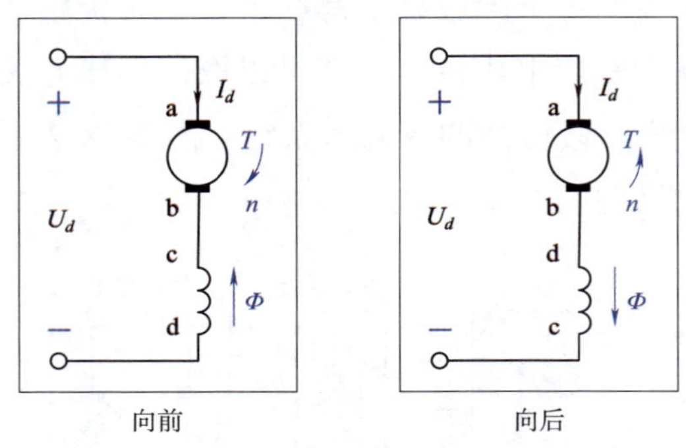

图 5-44　列车运行方向控制示意图

无论采用何种方案，都需要有专门的装置改变绕组的接法，将在电路中引入机械触点，增加了系统的复杂性，并降低了运行可靠性。

（2）电阻制动

电动机和发电机是同一电机的两种不同运行状态。对于牵引电动机，也可以采用上述改变励磁电流或电枢电流方向的方法，使电机的转矩与转速的方向相同（电动机状态）或相反（发电机状态）。当电机运行于发电机状态时，可以将列车的动能转化为电能，并起到制动作用，这种制动方式称为电气制动。

如果电气制动过程中得到的电能能够回馈给电网，或贮存于储能装置中，以便再次利用，就称这种电气制动为再生制动；如果电气制动过程中产生的电能通过电阻发热的方式耗散掉，则称这种制动方式为电阻制动。

在直流牵引传动系统中，由于变流器的特殊性，使得列车的再生制动不容易实现，而且回馈电网的电能质量很差。因此，电阻制动是直流牵引传动系统通常采用的电气制动方案。

电阻制动工况下，牵引电机接成他励发电机形式，励磁绕组由专用可调电源供电，电枢绕组与制动电阻连接成回路。与列车的方向控制相似，需要改变励磁电流或电枢电流之一的方向，以改变转矩 T 的方向，获得制动效果，如图 5-45 所示。

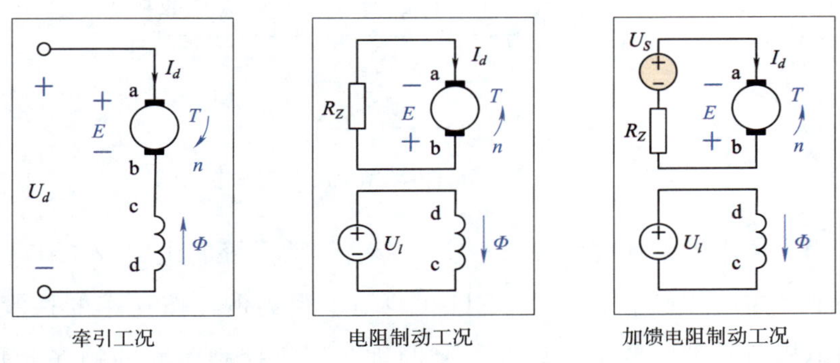

图 5-45　电阻制动工况的系统转换过程示意图

在电阻制动过程中，随着列车速度 n 降低，电机的反电势 E 将减小，导致制动电流 I_d 较小，制动转矩 T 也随着降低，制动效果逐渐变差。为了解决这个问题，可采用在电枢回路中串接一个可调的直流电源，以增大和保持电枢回路的电流 I_d，从而在整个制动过程中都能得到较大的制动转矩。这种在制动回路中串接可控电源的电阻制动方案，称为加馈电阻制动，如图 5-45 所示。

在加馈电阻制动工况下，制动特性曲线的形状可以设计得与牵引工况的相似，即高速区段采用恒制动功率控制，低速区段采用恒制动力控制。控制的手段是依次调节励磁电流和电枢电流（即调节外加电源的电压）。

5.2.3　交流牵引传动系统的构成及原理

“交—直—交”牵引传动系统主要由受电弓、主断路器、牵引变压器、单相整流器、直流中间环节、三相逆变器、牵引电机和牵引控制单元等几部分构成，其典型结构如图 5-46 所示。

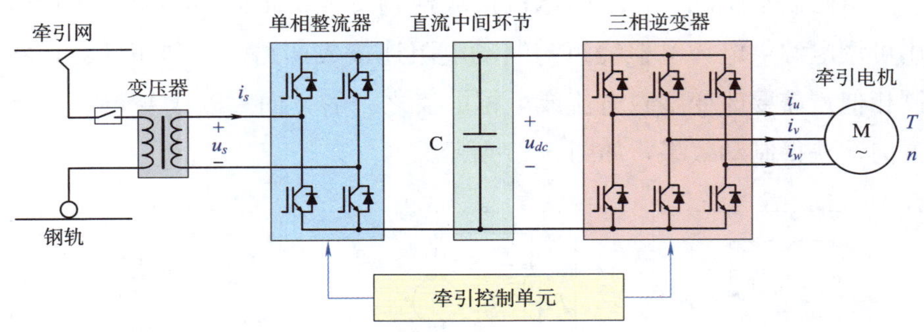

图 5-46 交直交牵引传动系统的结构示意图

为了清晰地阐述“交—直—交”牵引传动系统的组成及工作原理，本小节将主要以“和谐号”CRH3C 型动车组为例，按功率变换装置、牵引电机及其控制要求、调速控制原理、列车控制单元的顺序分别介绍，所涉及到的具体数值，均是以该车型为例的，只是为了表达一种数量级的概念，并不一定代表普适的设计值。

1. 功率变换装置

“交—直—交”牵引传动系统的功率变换装置包括牵引变压器、单相整流器、直流中间环节和三相逆变器，是实现牵引网与牵引电机之间电能变换及电机控制的所有环节的总称。

列车从牵引网得到的 25 kV/50 Hz 单相交流电经牵引变压器降压为 1 500 V 左右，向单相整流器供电。

单相整流器由大功率 IGBT 器件构成，采用脉冲宽度调制（Pulse Width Modulation，PWM）技术，在理想情况下可确保其输入侧电流是与电压同相位的 50 Hz 正弦电流，即纯有功、无谐波的电流。由于该整流器的输入侧电压和电流可以覆盖四个象限，因此通常也被称为四象限变流器（Four Quadrant Convertor，常简写为 4QC）。单相整流器以稳定直流侧电压 U_{dc} 为控制目标，通过电压、电流的双闭环控制，得到 2 700～3 600 V 的中间直流电压。

直流中间环节主要由电容构成，为单相整流器和三相逆变器提供能量缓冲，实现二者的解耦。

三相逆变器也采用了大功率 IGBT 器件，并采用 PWM 控制技术。实际上，与单相整流器相似，三相逆变器也可工作于电压和电流所确定的四个象限上，故也可以称为四象限变流器，只是习惯上称电网侧的变流器为整流器，电机侧的变流器为逆变器。在列车牵引这样的大功率应用场合，IGBT 的开关频率一般不高，通常在 500 Hz 以下，以降低器件的开关损耗。

三相逆变器通过变压变频（Variable Voltage and Variable Frequency，VVVF）控制技术，产生电机运行所需的幅值和频率均可调节的三相交流电压，以满足列车在恒牵引力和恒功率控制方工况的牵引特性曲线的要求。

牵引电机目前普遍采用三相交流感应电机，也称为三相异步电动机。一般情况下，每个在转向架上的 2 台电机并联连接，由一台逆变器控制，称为“1C2M”配置方式（“C”代表变流器，“M”代表电机）。在列车上，有时也会采用 1C4M 的配置方案，以简化系统的结构。

在列车牵引应用中，单台电机的功率通常在 1 200 kW（即 1.2 MW）左右，如果 4 台这样的电机由一套整流、逆变装置供电，当整流器的额定输入电压为交流 1 500 V 时，其输入电流将在 3 200 A 左右；逆变器的电压调节范围为 AC 0～2 500 V，频率调节范围为 0～200 Hz，三相交流输出电流最大有效值为 880 A。

对于如此高的功率等级和安装空间极为有限的列车牵引应用中，变流器在结构和散热设计上都需要系统、精细的考虑。图 5-47 所示是 CHR3C 型动车组的牵引变流器箱的结构示意图。

该变流器箱置于动车车厢的地板下，由 2 个并联连接的单相整流器、1 组逆变器、直流中间环节和冷却系统组成。冷却系统采用水冷技

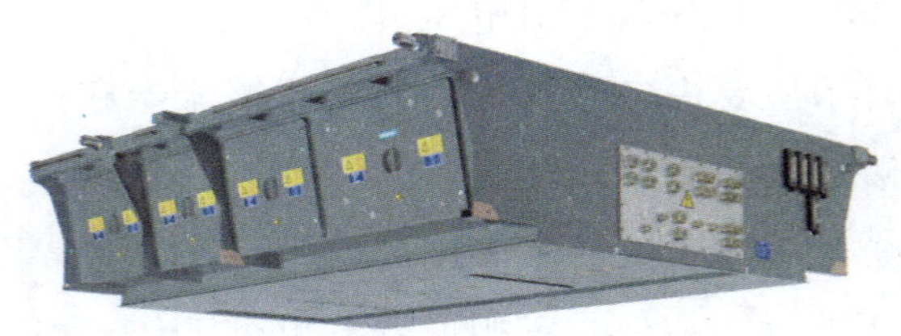

图 5-47 CHR3C 型动车组牵引变流器箱示意图

术，循环水将变流器产生的热量带出，再利用热交换装置将热量耗散到空气中。

2. 三相感应电机及其控制要求

在交流牵引传动系统中，目前主要采用三相交流感应电动机作为列车牵引的动力，这种电机的外形及结构如图 5-48 所示。

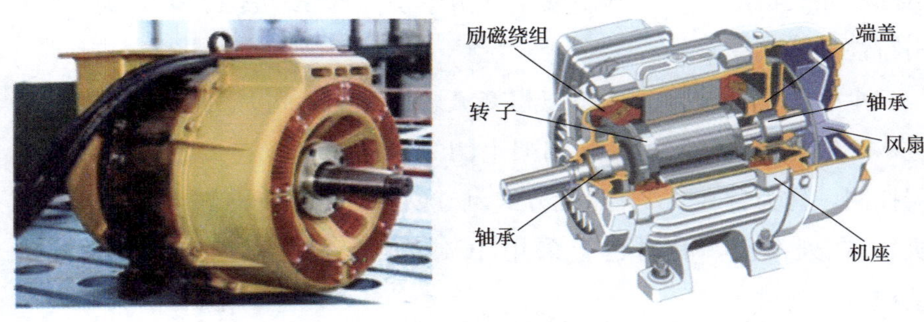

图 5-48 三相交流感应牵引电动机的外形及其结构示意图

与直流串激电机相似，交流感应牵引电动机也由定子和转子两部分组成。其中，定子主要由机座、三相励磁绕组和定子铁芯构成，转子主要由转轴、转子铁芯、导条、端环及保持环构成。

转子铁芯由硅钢片叠压成型后，在其槽中镶嵌铜合金或铝合金导条，导条的两端分别与铜质的端环相连，构成鼠笼形状；为了增加其机械强度，在端环的外侧还设置了保护环；转子铁芯的中间还设置了通风孔，以改善其散热性能。转子的外形及结构如图 5-49 所示。

交流感应电机与直流电机在结构上的本质区别，主要在于其转子

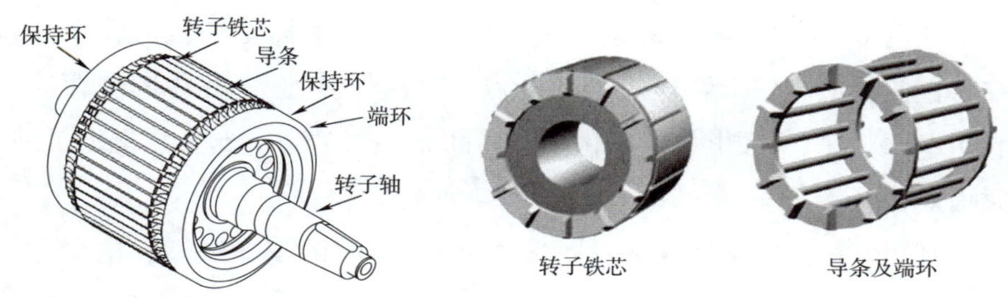

图 5-49 交流感应电动机的转子结构示意图

电路自成体系，不需要与外部进行电气连接，因而省掉了直流电机特有的电刷装置及换向器。这种结构上的变化，使得交流感应电机比直流电机具有明显的优势，主要表现在：

（1）结构简单，可靠性高，制造成本低；

（2）无电刷及换向器等易耗、易损部件，因而维护成本低；

（3）不再受到换向器工作条件的制约，额定转速更高，调速范围更宽；

（4）电机可有效利用的重量增加，因而单位重量的功率更大，单机功率通常可达到同等体积和重量的直流电机功率的 1.5 倍左右。

在幅值为U_1、频率为 f_1 的三相电源电压条件下，感应电机的机械特性曲线如图 5-50 所示。

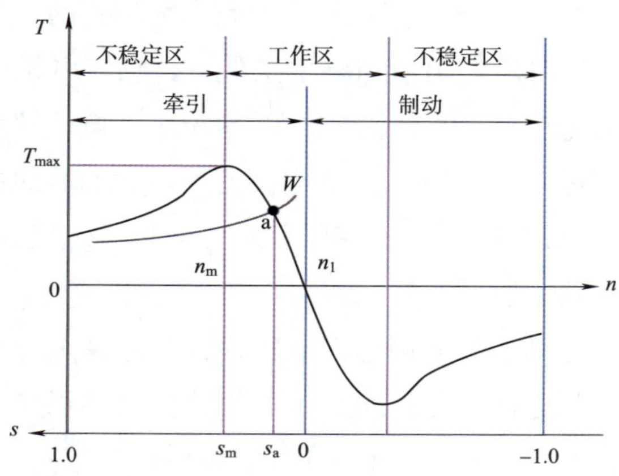

图 5-50 三相感应电机的机械特性示意图

在图 5-50 中，横坐标是电机的转速 n，纵坐标是电机的转矩 T。在特性曲线上有一个转矩等于 0 的点，对应的转速 n_1 称为同步转速，它由电源频率 f_1 和电机的结构决定，即 $n_1=60f_1/p$，p 是电机定子的磁极对数。

利用电机的实际转速 n 及同步转速 n_1，可以引入转差率 s 的概念，即 $s=(n_1-n)/n_1$。转差率 s 的数值反映了 n 与 n_1 的偏离程度及电机的运行状态：$s>0$ 表示 n 滞后 n_1，此时 $T>0$，电机处于牵引工况；$s<0$ 表示 n 超前 n_1，此时 $T<0$，电机处于制动工况；$s=0$ 表示 n 与 n_1 相同，此时 $T=0$，即电机不产生牵引力。由于电机通常都工作在 $s\neq0$ 的状态，即 n 与 n_1 不同步，因而这种电机通常也称为“异步电机”。

由于 s 能更好地反映电机的工作状况，因此为方便分析，经常也将 s 作为电机机械特性曲线的横坐标使用。需要注意的是，坐标轴 s 的正方向与 n 轴的正方向是相反的。

从图 5-50 可以看出，电机的机械特性曲线是关于点（$s=0$，$T=0$）斜对称分布的，并出现了两个峰值 T_{max} 和 $-T_{max}$，对应的转差率分别为 s_m 和 $-s_m$。当电机的工作点在两个峰值点之间时，运行是稳定的，否则是不稳定的。s_m 称为电机的临界转差率，通常 $s_m<10\%$，而电机正常运转时的转差率 s 一般在 5%以内。转矩峰值的表达式可写为 $T_{max}=KU_1^2/f_1^2$，其中 K 为与电机结构及电路参数相关的一个常数。

在给定的电源电压的幅值和频率条件下，感应电机的机械特性是唯一确定的，因而在一定的负载转矩 W 情况下，电机速度的可调节范围很窄，不会超过 $0.9n_1\sim n_1$ 的范围。另外，电机的加速与减速的过程，以及最终的稳定运行状态，都是由 T 与 W 的相互作用而自动决定，无法实施有效的控制。

这表明感应电机本身的调速性能较差，因此必须为其配备可改变幅值和频率的三相电源，并按照一定的规律实时加以调节，才有可能将其应用于列车牵引，满足列车牵引特性曲线的要求。

这种三相可调电源，就是目前广泛采用的变频器——采用大功率电力电子器件和高速微型计算机的电能变换装置。正是由于以 IGBT 为代表的大功率高频可控器件的出现，以及人们对电机控制规律和控制方法的理解和实现，才使得三相感应电机在其发明近 100 年之后的 20 世纪 90 年代在轨道牵引领域得到了快速推广，并全面替代了直流串激电机。

3. 三相感应电机的调速控制方法

(1) 恒转矩控制

恒转矩控制适用于列车起动过程的速度调节，在此过程中一般采用的固定转差率，记为 s_a，并且使其对应的转矩 T_a 与最大转矩 T_{max} 保持在 40～50%左右的比值 A，即 $A=T_a/T_{max}$。

随着列车速度 v 的提高，转速 n 在增大，为了使转差率维持在 s_a，电源的频率 f_1 必须随着电机转速 n 的提高而成正比地增大，即 $f_1=np/60\ (1-s_a)$。若定义 $k_n=p/60\ (1-s_a)$，则 $f_1=k_n n$。

由 $T_a=AT_{max}=AKU_1{}^2/f_1{}^2$ 的关系式可以看出，要保持此调速过程中的转矩恒定于 T_a，随着 f_1 的增大，电源电压 U_1 也必须随着 f_1 成正比地提高，它们的比值保持恒定，即 $U_1/f_1=(T_a/AK)^{1/2}$。

由于 $P=nT_a$，因此在恒转矩控制过程中，电机的功率 P 将随着转速 n 的增加而线性增大。

这种变压变频的调节方式，称为变频调速控制，通常缩写为 VVVF（Variable Voltage and Variable Frequency）。各变量的变化过程如图 5-51 中的区段 $VVVF_1$ 所示。

当电机输出的功率 P 随转速增加而达到其额定值 P_N 时，就需要限制其输出功率，进入恒功率控制阶段。恒功率控制实际上包含恒转差率和变转差率两个控制过程，以下别描述。

(2) 恒转差率条件下的恒功率控制

在此控制过程中，列车速度继续提高，若电机保持转差率取固定值 s_a，则 A 保持不变，对应的电源频率 f_1 仍将与电机转速 n 成正比地提高，即 $f_1=k_n n$。

由 $P_N = nT_a$，$T_a = AKU_1{}^2/f_1{}^2$，$f_1 = kn$ 的关系式可以整理出，$P_N = (AK/k)\ U_1{}^2/f_1$。这表明，为保持电机的功率恒定，电源电压的幅值应随着 f_1 的提高而按其平方根线性地增大，即 $U_1 = (kP_N/AK)^{1/2} f_1{}^{1/2}$。

此时，由 $T_{max} = KU_1{}^2/f_1{}^2$ 的关系式可以看出，最大转矩 T_{max} 将随 f_1 反比减小，而 $T_a = AT_{max}$ 且 A 保持不变，因此电机的转矩 T_a 随转速 n 反比较小，从而进一步验证了功率保持恒定的控制结果。

这种恒功率控制方法上也是一种变频调压的调速控制方法，各变量的变化过程如图 5-51 中的区段 $VVVF_2$ 所示。

（3）变转差率条件下的恒功率控制

随着电机转速 n 的进一步提高，如果继续采用上述的控制方法，电压 U_1 最终将会达到其额定值 U_{1N}。此时，如果要继续进行恒功率控制，就必须保持电源电压的幅值恒定在 U_{1N}。

由 $P_N = nT_a$，$T_a = AKU_1{}^2/f_1{}^2$，$f_1 = np/60\ (1 - s_a)$ 的关系式可以整理出 f_1 与转差率 s_a 之间的关系式 $P_N = (60KU_N{}^2/p)\ A\ (1 - s_a)\ /f_1$。

从图 5-50 可以看出，在一定的 U_1 和 f_1 条件下（此时 T_{max} 是一个定值），T_a 与 s_a 大体呈线性关系，因此由 $A = T_a/T_{max}$ 可知 A 与 s_a 也大体呈线性关系，可记为 $A = k_s s_a$。

综合以上分析，可得到在此工况下 f_1 与 s_a 之间的关系式为 $f_1 = K_u s_a\ (1 - s_a)$，其中 $K_u = 60k_s KU_N{}^2/\ (pP_N)$。考虑到 $s_a = (n_1 - n)\ /n_1 = 1 - pn/60f_1$ 的关系，最终可以得到 f_1 与 n 之间的一元三次方程 $f_1{}^3 - bnf_1 + cn^2 = 0$，其中 $b = pK_u/60$，$c = p^2K_u/3600$。

通过该方程的分析可以得出结论，f_1 将随着电机转速 n 的增大而增大，$T_{max} = KU_{1N}^2/f_1{}^2$ 将随着 f_1 的增大而快速减小；转差率 s_a 将随着 n 的增大而增加，同时转矩 T_a 与 T_{max} 的比值 A 也增大。这两方面的因素，导致在调速过程中电机的转矩 T_a 快速接近最大转矩 T_{max}，因而其调速范围将受到双重制约。

这种工况实际上采用的是定压变频的调速方法，通常简写为 CVVF（Constant Voltage and Variable Frequency），各变量的变化过程如图 5-51 中的 CVVF 区段所示。进一步的分析表明，它起到了与直流电机的磁场削弱相似的调速效果。

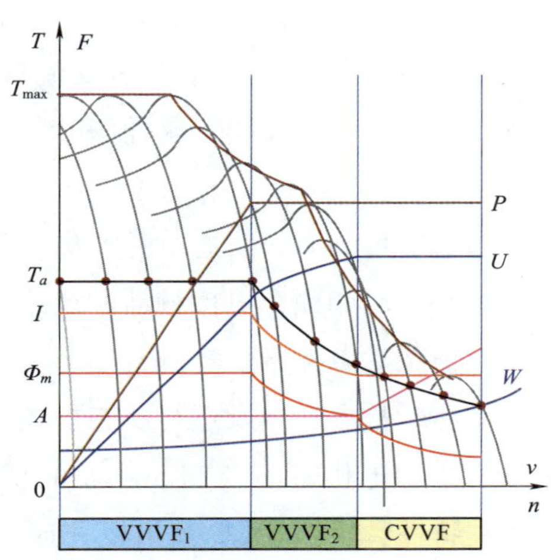

图 5-51　交流感应电机的调速过程及变量关系

4. 牵引控制单元

整个牵引传动系统由一套牵引控制单元（Traction Control Unit，TCU）进行协调控制，TCU 的实物外形如图 5-52 所示。

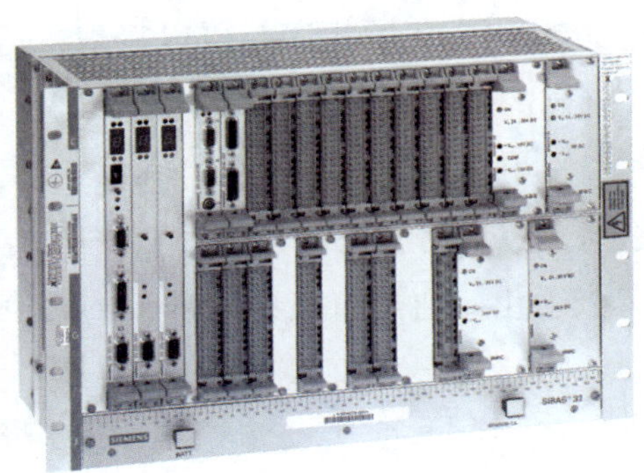

图 5-52　牵引控制单元实物图

TCU 是多个高速的数字信号处理器（Digital Signal Processor，DSP）单元、专用微处理器单元、混合信号处理单元的集合体，通过接受列车运行的控制指令、实时采集和处理各个功率装置的电压、电流信息，以及电机的转速、温度等信息，对整流器、逆变器实施有效的控制，从而实现列车的牵引运行控制功能。这些功能包括：

（1）按照牵引力或制动力指令，产生牵引变流器的控制信号，完成变流器直流中间环节电压、电机端电压幅值和频率的控制，实现列车的牵引特性；

（2）实时监测各功率装置的运行状态，并实施必要的保护控制；

（3）控制各开关元件，例如预充电接触器、线路接触器等；

（4）列车的空转保护和黏着控制；

（5）与列车总线的实时数据交换及运行状态反馈。

在交直交牵引系统中，电机牵引与制动状态的切换不需要专门的转换装置，利用电机的特性，仅由 TCU 就可以完成。在牵引工况，电机的转速低于同步转速，转子被定子绕组产生的旋转“拖”着，产生牵引力；在制动工况，TCU 控制逆变器的输出电压频率，使同步转速低于转子的转速，得到负的转矩，使列车的动能转换为电能，依次经过逆变器、直流中间环节和整流器后回馈给电网，实现再生制动和列车的速度控制。列车运行方向的控制也不需要专门的转换装置，仅由 TCU 控制逆变器三相输出电压的相序就可以实现。这也是交流牵引传动系统比直流系统优越的一个方面。

因此，从某种意义上来说，牵引控制单元是交流牵引传动系统的核心关键技术，是列车控制的灵魂。

由以上分析可以看出，通过直流中间环节的解耦，“交—直—交”牵引传动系统可分解为“交—直”和“直—交”两个相对独立的子系统，其中“直—交”子系统是实现交流牵引的关键环节。对于地铁、轻轨等采用直流供电的城市轨道交通应用领域，交流牵引传动系统实际上就是仅有“直—交”的传动系统，它与本节所述的基本原理和控制方法完全一致，因而不再赘述。

5.3 列车辅助供电系统概述

列车的辅助供电系统是指为列车上所有用电设备提供交流和直流电源的系统，包括三相交流供电系统及直流供电系统两部分。由于主牵引变压器、牵引变流器、牵引电机等在运行时发出大量的热量，需要通风机进行强迫风冷；而列车的制动、受电弓以及车上各种气动机械需要空气压缩机来提供风源等。所有这些电气设备都需要三相交流电源，这是由辅助变流器完成的。此外，列车的控制系统及照明系统需要直流电源才能正常工作；在升弓前或高压设备、主牵引变压器出现故障时，相关系统由蓄电池供电。因此，列车直流供电系统包括充电机和蓄电池。

辅助供电系统采用母线供电方式，三相交流供电母线为列车中的牵引变压器冷却泵及冷却风机、牵引变流器冷却泵及冷却风机、空气压缩机、空调系统（制冷压缩机、冷凝器风扇等）、管路伴热器、客室照明系统、厨房设施、卫生设备等提供电源；直流供电母线为列车中的硬线控制电路、列车中央控制单元、牵引控制单元、制动控制单元、网络设备辅助空气压缩机等提供电源。列车上所有系统设备的运行都离不开辅助供电系统，辅助供电系统直接关系到整个列车的运行状态，是列车稳定运行的关键。

5.3.1 列车辅助供电系统分析

1. 典型高速列车辅助供电系统分析

目前高速列车在世界范围内都得到了快速发展，日本、法国、德国、意大利、西班牙、中国等相继发展了多种型号高速列车，这些高速列车辅助供电系统不尽相同，辅助供电系统的电路拓扑结构、供电电压及供电模式均有差别。中国所发展的高速列车引进吸收了国外具有代表性的高速列车技术，表 5-3 给出了我国目前 4 种型号高速列车辅助供电系统的基本参数。

表 5-3　中国高速列车辅助供电系统基本参数

	CRH_1	CRH_2	CRH_3	CRH_5
辅助变流器容量	144 kV·A×5	205 kV·A×2	160 kV·A×6	300 kV·A×5
牵引辅助系统输入电压	取自牵引回路直流环节 DC 1 650 V	取自牵引变压器辅助绕组 单相 AC 400 V/50 Hz	取自牵引回路直流环节 DC 3 000 V	取自牵引回路直流环节 DC 3 600 V
交流母线电压	3AC 400 V/50 Hz	AC 100 V/50 Hz AC 220 V/50 Hz 3AC 400 V/50 Hz	3AC 440 V/60 Hz	3AC 400 V/50 Hz
充电机容量	22 kV·A×5	58 kV·A×2	60 kV·A×2	15 kV·A×8
直流母线电压	110 V	100 V	110 V	24 V

图 5-53 为 CRH_1 型高速列车辅助供电系统结构示意图，列车的每个列车单元都有一个完整的牵引辅助系统，其辅助交流供电系统采用直—交的形式，即辅助变流器通过牵引变流器中间直流侧取电。主要负载包括：列车采暖设备、空调、通风系统、主变流器和牵引变压器的冷却风机、蓄电池充电机、照明系统、控制用电源系统和旅客信息及广播系统等。在每一节动车下均设有一个辅助电源装置，主要包括一个额定容量为 144 kV·A 的辅助逆变器单元、隔离变压器、蓄电池充电机以及蓄电池等。在启动过程中，牵引辅助系统的负载必须按一定顺序启动，以降低系统担负的启动电流。

2. 典型机车辅助供电系统分析

电力机车辅助电源系统是机车的重要组成部分，担负着除机车牵引系统主电路以外各种装置的供电任务，是提供风源的空气压缩机、空调、通风机等辅助电动机的三相交流电源，电热器、冰箱、信息显示装置的电源等。机车辅助电源系统由三相交流辅助电源和直流电源系统组成。早期的电力机车三相交流辅助电源装置采用旋转劈相机方式，这种电源装置体积大、质量大、响应性差、效率低、噪声

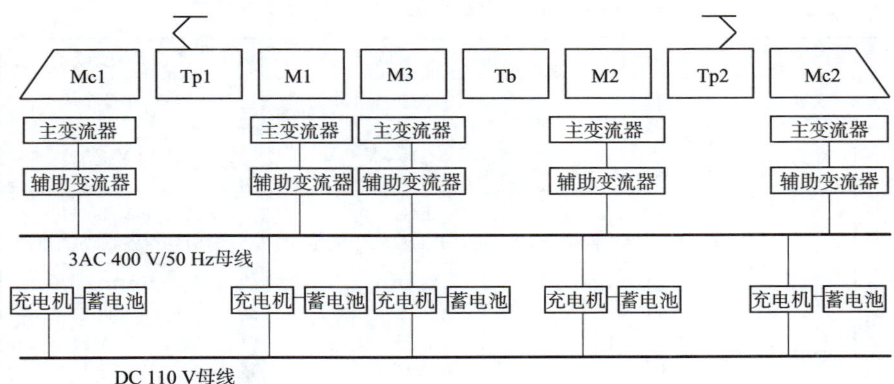

图 5-53　CRH_1 型高速列车辅助供电系统结构示意图

大、故障率高，需经常检查、维修。随着电力电子和开关器件的发展，采用 IGBT 的新型辅助逆变系统正在替代传统的劈相机三相交流系统。辅助逆变系统不仅为机车各辅助电机提供对称三相电源，同时可满足辅助电机软启动、软制动，不受电网波动影响。为防止因辅助供电设备故障而影响机车正常运行，辅助逆变系统同时设置各种故障保护及冗余功能。机车直流电源系统主要由充电机、蓄电池组成，为机车的控制系统及照明系统等提供所需直流电源，为蓄电池充电，在升弓前或高压设备、牵引变压器故障时，由蓄电池给上述设备供电。

表 5-4 归纳了 HXD_1、HXD_2 和 HXD_3 三种型号的“和谐”系列电力机车的辅助电源系统。HXD_1 机车则由三相变压器将三相恒压恒频交流电（440 V/60 Hz）变为三相 AC 230 V/60 Hz 交流电，供给相应负载。另外，由于 HXD_1 机车三相交流电压为 60 Hz，为与国内设备兼容，设置了 DC 110 V/单相 AC 230 V/50 Hz 转换模块，这样，即使不升弓时也可给 PC 供电。

表 5-4　中国和谐电力机车辅助供电系统基本参数

		HXD1	HXD2	HXD3
辅助变流器	数量	每机车 4 个	每机车 4 个	每机车 2 个
	容量	逆变器 200 kV·A， 辅助变压器 96 kV·A	135 kV·A	230 kV·A
	输入	DC 1 800 V （牵引变流器中间电压）	DC 1 800 V （牵引变流器中间电压）	AC 399 V/50 Hz （牵引变压器辅助绕组）
	输出	VVVF： AC 80～440 V， 10～60 Hz； CVCF： AC 440×（1±5%）V， 60 Hz	VVVF： 190 V、380 V， 25 Hz、50 Hz； CVCF： AC 380×（1±5%）V， 50×（1±2%）Hz	VVVF： AC 2～380 V， 0.2～50 Hz； CVCF： AC 380×（1±5%）V， 50×（1±2%）Hz
充电机	数量	每机车 2 个	每机车 2 个	每机车 1 个
	容量	16 kW	14 kW	6.05 kW
	输入	辅助变流器 输出的三相恒压恒频交流电	辅助变流器 中降压斩波后的 DC 540 V	辅助变流器 中间回路的 DC 750×（1±10%）V
	输出	DC 110×（1±1%）V	DC 110×（1±1%）V	DC 110×（1±1%）V

3. 典型地铁车辆辅助供电系统分析

地铁车辆中辅助供电系统主要用于产生三相交流电压 AC 380 V 以及 DC 110 V 电源，它包括 DC/AC 逆变器（辅助逆变器）和 DC/DC 变换器（蓄电池充电器）。

辅助供电系统能自动完成启动、关闭及故障切换功能，在列车网络正常工作时能及时报告辅助系统的运行状况。辅助供电系统由牵引变压器辅助绕组、辅助电源装置、蓄电池、辅助及控制用电设备、地面电源等几部分组成。辅助电源装置由辅助电源箱（APU）和辅助整流器（ARf）两部分组成。

其主电路原理是经受电弓或第三轨受流输入的 DC 1 500 V 和 DC 750 V（由于城市客量的增加，现主要采用 DC 1 500 V 网压制）直流电压经过隔离开关、熔断器、输入滤波器、预充电电路及主接触器等送至 IGBT 逆变器，控制装置通过对 IGBT 逆变器的控制，使得 IGBT 逆变器输出双极性的PWM波形，经过三相交流滤波器的滤波，可得到低谐波含量的准正弦波形的交流输出电压，再由三相变压器汇合得到基波有效值为AC 380 V电压（输出为三相四线制）。

城轨列车辅助供电系统包括辅助逆变器（DC/AC变流器）和低压电源（DC/DC变流器和蓄电池）。辅助逆变器给列车上的交流负载如空调机、压缩机、通风机等提供AC 380 V及AC 220 V电源。低压电源包括DC 110 V和DC 24 V，给列车控制系统及应急负载供电。早期的列车每节车均设有辅助逆变器，现在由于技术进步都已采用集中供电的方式。列车单元组成无论是两动一拖，还是一动一拖，均由1台辅助逆变器给1个单元的负载供电。因此，辅助逆变器的容量也较大。例如，两动一拖单元组成的A型地铁车上辅助逆变器容量已超过200 kV·A。

5.3.2 列车辅助供电系统组成

高速列车辅助供电系统的基本工作原理为辅助变流器通过牵引变压器辅助绕组或牵引变流器中间直流环节获取电能，并将其转换为三相交流电供车上负载设备使用，充电机通过三相交流母线供电，经过整流后将电能变换为直流电供给车上负载设备供电，并对蓄电池进行充电。整个辅助供电系统的关键部件主要有辅助变流器、充电机以及蓄电池。

1. 辅助变流器

辅助变流器是辅助供电系统中最为核心的部件，它实现了电能的转换。辅助供电系统中三相交流供电系统主要有两种形式：交—直—交型与直—交型。如图5-54所示为交—直—交型三相交流供电系统结构示意图，交—直—交型三相交流供电系统一般由以下4部分组成：牵引变压器辅助绕组、辅助整流器、中间直流环节以及辅助逆变器。该供电系统由牵引变压器的辅助绕组提供电源，经过辅助整流器和辅助逆变器的变换，最终输出三相交流电压，供给各交流负载使用。如图5-55所示为直—交型三相交流供电系统结构示意图，与交—直—交型交流供电系统相比，直—交型交流供电系统则从机车牵引回路的直流环节取电，经过辅助逆变器实现从直流到交流的变换，最终输出交流电压。一般来说，牵引回路的直流环节电压都较高，直接用该直流电压进行逆变则无法避免因逆变器占空比过低所带来的输出电压正弦度过低的问题。因此，为了保证输出的交流电压值（大约为 400 V）与输出电压的正弦度，在直—交型电路中必须有降压环节。图 5-55（a）和图 5-55（b）中分别为直—交型辅助交流供电系统的两种常见结构。两者的区别在于前一种结构先经过辅助逆变器完成从直流到交流的转变，再经过辅助变压器降压；而后一种结构先通过降压斩波器降压，再经过辅助逆变器实现交流电的输出。图 5-56～图 5-58 分别为牵引变流器组成结构示意图、辅助变流器控制单位实物图和辅助变流器输出接线实物图。

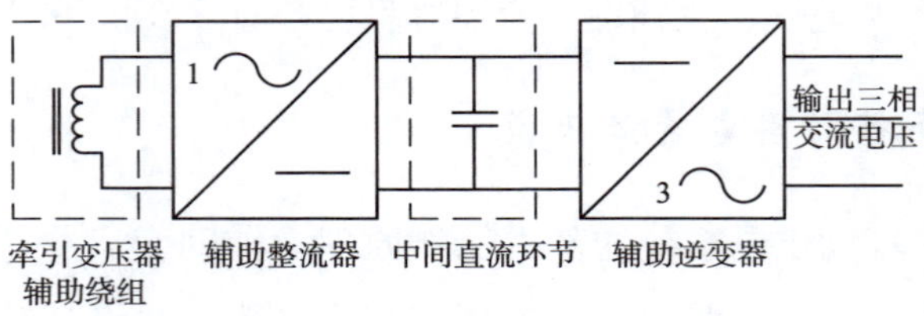

图 5-54　交—直—交型三相交流供电系统

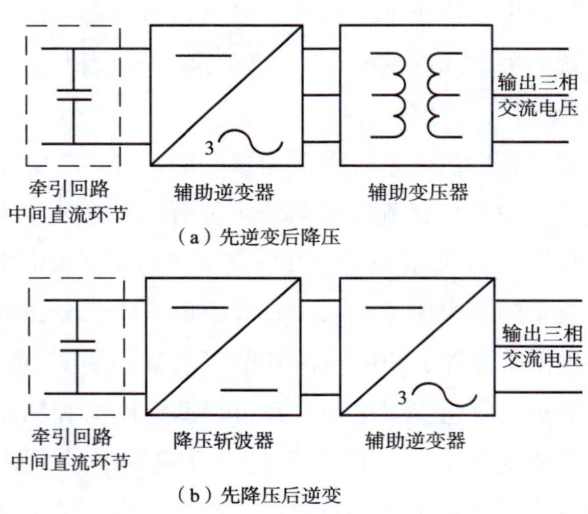

图 5-55　直—交型三相交流供电系统

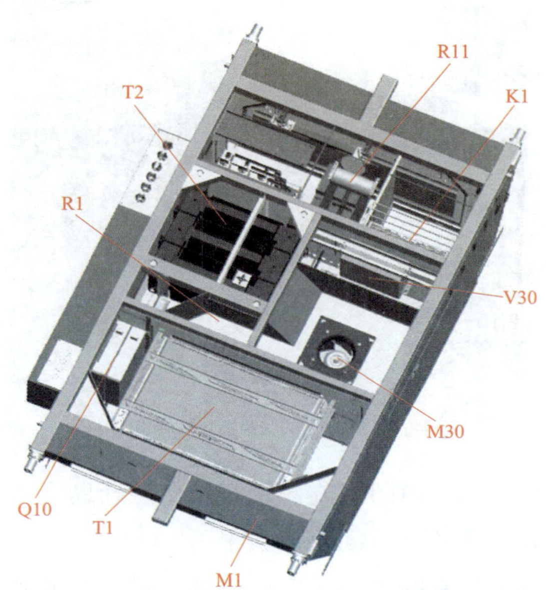

图 5-56 牵引变流器组成结构示意图

K1—Sibcos-M2500 主控制器；M1—内置风扇；M30—主风扇；

Q10—耦合断路器；R1—滤波电感；R11—预充电电阻；

T1—脉宽调制逆变器；T2—变压器；V30—电容

图 5-57 辅助变流器控制单元实物图

图 5-58 辅助变流器输出接线实物图

对于交—直—交型辅助变流器及直—交型辅助变流器，其电路原理图分别如图 5-54 和图 5-55 所示。从图中可以看出，不管是交—直—交型辅助变流器还是直—交型辅助变流器，辅助逆变器都是必不可少的。作为辅助变流器中的重要组成部分，辅助逆变器承担着输出三相交流电的重任。辅助逆变器的输出电压为 PWM 波，为了消除输出电压中的谐波，通常在辅助逆变器的输出端均设有 EMC 滤波器。

CRH_2 的辅助交流供电系统是 4 种高速动车组中唯一使用交—直—交形式的，这种形式较为传统，其成本较低。由于在辅助电路的输入侧使用了 PWM 整流器，因此，当铁路牵引电网的网压发生较大变动的时候，依然可以保证交流供电系统直流环节电压的稳定；同时还可以保证电网输入侧具有较高的功率因数。同时，CRH_2 交流供电系统也存在一些缺点。首先，这种供电系统需要带有辅助绕组的牵引变压器，在运行时由于牵引变压器两个二次绕组之间存在着耦合，牵引变流器运行时产生的脉动会影响到辅助绕组的输出电压，因而对辅助变流器及其负载造成直接的影响。此外，CRH_2 的一些负载直接从牵引变压器的辅助绕组取电，或是经过单相变压器变压后再取电，这种取电方式虽然简单，但存在着很大的缺点。由于这些负载的供电电压变化范围较大，而且在每次经过分相区的时候，受电弓都会断电（目前

CRH_2 还无法实现过分相区牵引辅助系统不断电运行），这些情况都会对压缩机、风机等电机负载的运行以及寿命产生很大的影响。为了克服供电电压变化范围过大给电机带来的不利影响，CRH_2 的空调机组电机都是特别设计制造的，这无形中又增大了牵引辅助系统的制造成本。综合考虑，这种负载直接从辅助绕组取电的方式不太合理，未来在设计牵引辅助系统时应尽量避免。

CRH_1、CRH_3 和 CRH_5 的辅助交流供电系统都是直—交型的。与交—直—交型相比，直—交型的优点在于省去了牵引变压器的辅助绕组，简化了牵引变压器的设计与制造工作，并且在过分相区的时候可以使用牵引电动机发电，维持牵引回路直流侧的电压，从而保证牵引辅助系统不断电。但是，如果采用直—交型交流供电系统则无法避免降压环节（比如 CRH_1、CRH_3 的降压变压器与 CRH_5 的降压斩波电路），这又在一定程度上增加了牵引辅助系统的复杂度。同属于直—交型的交流供电系统，CRH_1、CRH_3 与 CRH_5 的电路结构又有着区别。CRH_1 与 CRH_3 的电路拓扑结构基本相同，都是采用先逆变后降压形式；而 CRH_5 则采用先降压后逆变的电路结构。由于 CRH_1 与 CRH_3 牵引回路直流环节的电压等级较高（分别是 1 650 V 和 3 000 V），CRH_1 与 CRH_3 辅助逆变器的开关器件也必须选用耐压等级较高的，因此消耗在开关器件上的成本也较高。但是，与 CRH_5 的方案相比，这种方案有 3 个优点。首先，所用到的开关器件较少，控制也简单了许多；其次，降压变压器有助于隔离高压输入电源与负载，此时若选用副边漏感较大的变压器，则还可以省去逆变器输出滤波器中的电感（如 CRH_3 的方案），有利于简化主电路；最后，这种辅助变流器模块可以做成牵引变流器模块的结构，使得模块简统化，便于模块化生产和维护，降低了开发与生产的费用。

2. 充电机

充电机是列车直流供电系统的的核心环节，其作用是将三相交流电转变成直流电，用来向蓄电池充电，并为直流母线提供电能，为其他直流负载供电。充电机大致可以分为 3 种典型结构，交—直型、交—直—直型以及交—直—交—直型，其电路原理图分别如图 5-59、图 5-60 和图 5-62 所示。CRH$_2$ 型高速列车所采用的交—直型充电机结构简单，由三相变压器和三相不控二极管整流桥组成，输出电压经滤波后可直接使用。但这种方案输出电压受输入电压影响较大，且三相工频变压器体积及质量都比较大。CRH$_1$ 型高速列车采用的交—直—直型充电机，其核心是通过控制直—直变换器得到稳定的直流电压输出，而 CRH$_3$ 型高速列车所采用交—直—交—直型充电机，其核心是通过控制单相逆变器得到所需要的高频单相交流电，再通过不控整流得到稳定的直流电压输出；这两种充电机电路涉及的功率变换环节较多，所用到的元器件也较多，但均采用了高频变压器，大大减小了充电机的质量和体积。

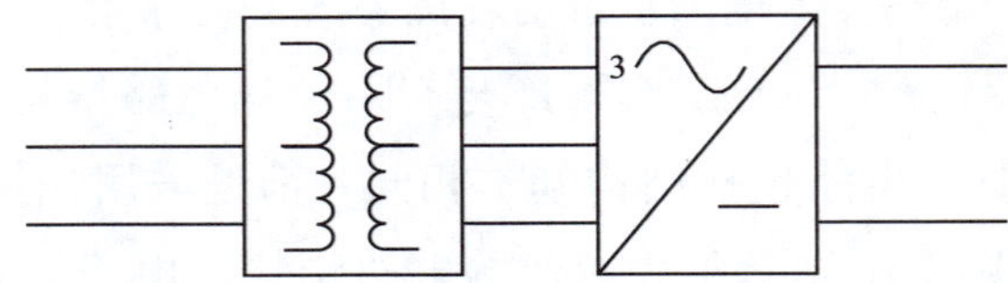

图 5-59　CRH$_2$ 型高速列车交—直型充电机电路原理示意图

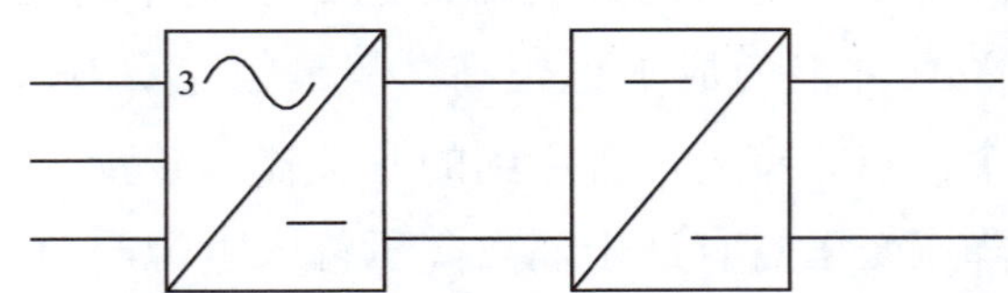

图 5-60　CRH$_1$ 型高速列车交—直—直型充电机电路原理示意图

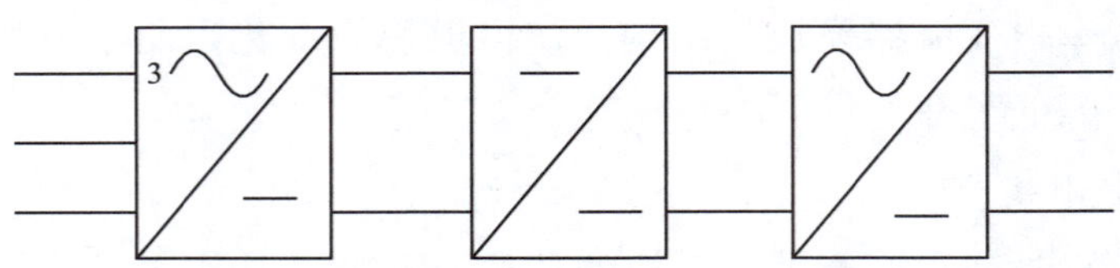

图 5-61　CRH$_3$ 型高速列车交—直—交—直型充电机电路原理示意图

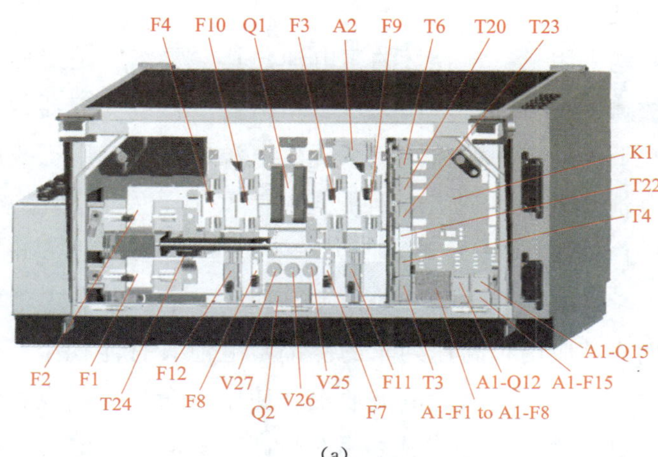

(a)

A1-F1～A1-F8—蓄电池熔断器；A1-F15—电机保护开关；

A1-Q12～A1-Q15—接触器；A2—电路板；F1—蓄电池熔断器；

F2、F3—保险丝 BN1；F4、F7—保险丝 BD；F8、F9—熔断器 BK；

F10、F11—熔断器 BN2；F12、K1—Sibcos-M1300；Q1、Q2—接触器；

T3—输入电压传感器；T4、T6—电压传感器；T20—输出电压传感器；

T23、T22—接地故障检测；T24—蓄电池电流传感器；V25～V27—电磁兼容电容器

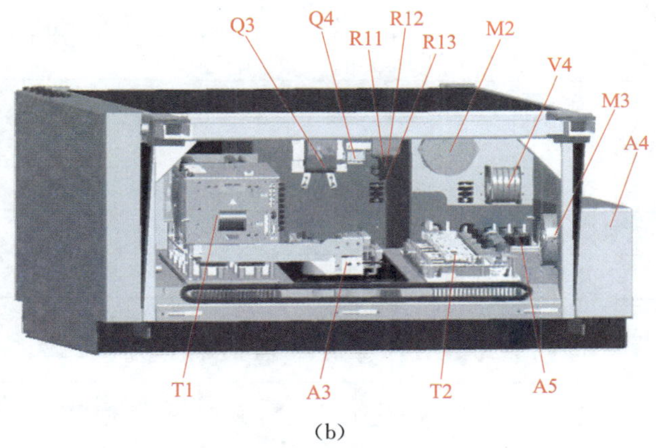

(b)

A3—变压器组件；A4—电容器组件；A5—接线板；M2—内部风扇；

M3、Q3—接触器；Q4、R11—预充电电阻器；

R12、R13、T1—蓄电池充电器模块；T2、V4—铁氧体环形磁芯

图 5-62　充电机实物组成结构示意图

3. 蓄电池

列车中均采用了一定容量的蓄电池，其主要作用是在列车初始上电阶段和故障工况（如接触网失压、牵引变压器或变流器故障、充电机故障等）下为列车中的关键负载提供电源。目前应用于我国高速列车中的蓄电池主要有两种，一种是铅酸蓄电池，一种是镍镉蓄电池。表 5-5 给出了应用于 CRH_2 型高速列车的阴极吸收式铅酸蓄电池的部分参数，表 5-6 给出了应用于 CRH_1 型高速列车的镍镉蓄电池的部分参数。总体而言，应用于高速列车的镍镉蓄电池具有体积小、机械强度高、工作电压平稳、可以大电流放电、使用寿命长等特点、但与同容量的铅酸蓄电池相比，它的成本相对较高。镍镉蓄电池单体组成结构示意图如图 5-63 所示。

表 5-5　应用于 CRH_2 型高速列车的铅酸蓄电池参数

<table>
<tr><th colspan="2">编　　号</th><th>ESLB3-G1</th><th>ESLB3-G2</th></tr>
<tr><td colspan="2">额定电压（V）</td><td>12</td><td>6</td></tr>
<tr><td colspan="2">20 h 放电率容量</td><td>100</td><td>100</td></tr>
<tr><td rowspan="3">20 h 放电容量（25℃）</td><td>放电电流（A）</td><td colspan="2">5</td></tr>
<tr><td>放电时间（min）</td><td colspan="2">≥1 140</td></tr>
<tr><td>放电终止电压（V）</td><td>10.5</td><td>5.25</td></tr>
<tr><td rowspan="3">大电流放电性能（−5℃）</td><td>放电电流（A）</td><td colspan="2">120</td></tr>
<tr><td>放电时间（s）</td><td colspan="2">5</td></tr>
<tr><td>放电终止电压（V）</td><td>≥10.68</td><td>≥5.34</td></tr>
<tr><td colspan="2">容量保存率（100%）</td><td colspan="2">80</td></tr>
<tr><td colspan="2">质量（kg）</td><td>约 37</td><td>约 21</td></tr>
</table>

表 5-6　应用于 CRH_1 型高速列车的镍镉蓄电池参数

电池类型	Hoppeche FNC 292MR
容量	115 A·h
额定电压	110 V
运行电压范围	77～137.5 V
配置单元	2 块，每块 41 单元，组成 110 V 电池组

续上表

电池类型	Hoppeche FNC 292MR
电解液/单元	干：0.4 kg，液体 1.3 L
电解液类型	E13
2 块串联电池质量（110 V）	572 kg
运行期间允许的环境温度	−25～40℃
电池箱外部尺寸（B mm×H mm×D mm）	968（包括导轨轮）×370×745

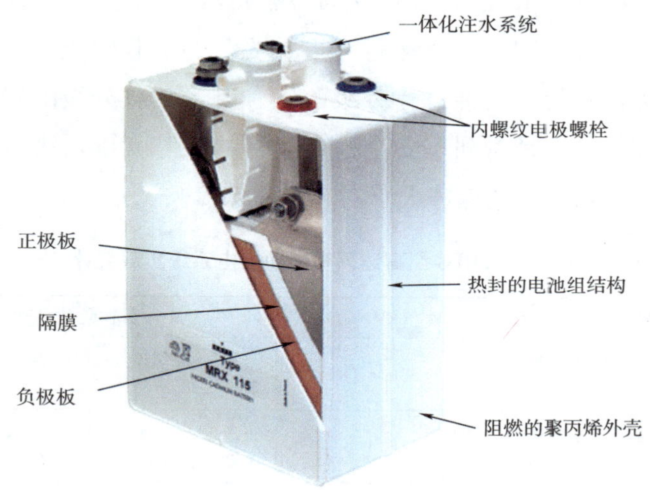

图 5-63　镍镉蓄电池单体组成结构示意图

5.3.3　列车辅助供电系统控制策略

列车辅助供电系统控制一般分为列车级负载管理控制、辅助变流器控制及充电机控制，形成两级控制格局。

对于列车而言，辅助供电系统有多种故障的可能，其中最坏的情况就是辅助逆变器出现故障。辅助逆变器直接决定着辅助供电系统的输出功率，若列车辅助供电系统中某些辅助逆变器出现故障，就有可能需要切除一部分负载才能保证列车的安全运行，若切除的这些负载包括牵引变压器、牵引变流器或者牵引电机的风机或冷却设备，则还需要将这些冷却设备对应的牵引系统设备也切除。如果对列车的负载控制管理不当，将可能由于个别辅助逆变器的失效导致整个列车的停运。因此列车级负载管理控制策略对高速列车而言至关重要。

通常情况下，在制定列车及负载管理控制策略时，需要首先对列车中的负载种类以及各种负载基本的功率分布情况进行统计分析，表5-7给出了 CRH_5 型高速列车辅助供电系统负载统计，我国其他几种型号高速列车辅助供电系统负载情况与 CRH_5 基本相似。由于辅助逆变器故障时辅助供电系统的输出功率必然减少，一部分负载需要被切除以保证另一部分对列车正常运行“更重要”的负载的正常工作，因此必须对各类负载的重要性进行分级配置。对于负载分级配置通常遵循两条基本准则：一是对列车安全稳定运行的保障大于对乘客舒适度的保障；二是对司机室的保障大于对客室的保障。

表 5-7　CRH_5 型高速列车辅助供电系统负载统计

负载类别	功率（kV·A）	具体负载名称
第一类：与旅客乘坐舒适度有关的负载（客室内）	590.4	空调、通风、采暖设备（HVAC）等负载
第二类：支持牵引系统的负载	186.4	主压缩机，牵引变流器风扇与冷却泵，主变压器风扇与油泵，牵引电机风扇等
第三类：充电机及其负载	106.65	蓄电池充电机、蓄电池、各种照明设备、各控制单元用电等
第四类：其他负载	217.57，其中司机室相关负载占25.06	司机室相关负载、吧车与卫生间的负载等

依据上述的基本准则，列车中优先级最高的负载是紧急负载，包括表5-7中第一类负载中的紧急通风设备、第三类负载中的控制单元用电设备等，为了保障列车的最基本运行要求，这些负载在任何故障情况下都是最后被切除的。表5-7中第二类负载的优先级也较高，因为牵引系统中的牵引变压器、牵引变流器及牵引电机等能否正常工作直接依赖于其冷却系统设备能否正常工作，因此如果要保证列车牵引传动系统正常工作则必须要保证其冷却系统设备的供电。表5-7中涉及到与旅客舒适度相关的负载优先级通常最低，当列车辅助供电系统出现故

障时可以最先切除这些负载。

表5-8给出了列车辅助供电系统负载管理控制策略。由于列车的辅助供电系统中辅助逆变器在设计中容量均有一定冗余，在运行过程中只有一个辅助逆变器出现故障时，不需要切除负载，而仅仅增大其余辅助逆变器的输出功率。当两个辅助逆变器出现故障时，降低充电机输出功率；将第一类负载减少部分功率运行，此时可以考虑采取两种措施，一是将整列车的第一类负载功率全部降低一定的百分比运行，二是让全车的第一类负载轮流满功率工作；同时还需要减少约1/3的第二类负载。当3个辅助逆变器出现故障时，需要切除更多的负载或设置更多的负载降功率使用，保证所有紧急负载的供电，减少更多的第一类负载消耗功率，切除约1/3的第二类负载。当只有一个辅助逆变器可以工作时，与上一种负载配置措施相比，切除所有的第一类负载，仅保留必要的紧急通风与照明设备，切除约1/2的第二类负载。

表5-8　辅助供电系统负载管理控制策略

辅助逆变器工作状态	负载管理控制策略
辅助逆变器均正常工作	负载全部接入，正常运行
1个辅助逆变器故障	无需切除负载，其他辅助逆变器增大10%输出功率
2个辅助逆变器故障	减少部分第一类负载，减少1/3第二类负载，充电机功率降低到75%
3个辅助逆变器故障	保证所有紧急用电，减少更多的第一类负载，减少1/3第二类负载，充电机功率降低到50%
只有1个辅助逆变器正常工作	保证所有紧急用电，切除其他所有第一类负载，充电机功率降低到25%，减少1/2第二类负载

5.4　列车控制网络

列车控制系统已从单台机车的集中控制向整车分布式网络控制方向发展，网络控制已成为高速动车组的必备技术之一，成为列车运行控制的中枢神经和指挥中心。列车控制系统是以车载计算机为主要技术手段，应用多种总线技术把分布于各车厢内部、独立完成特定功能的计算机互相连接起来形成一个信息网络，以实现资源共享、协同工作、分散检测和集中操作等目的。现代高速动车组采用各种先进的列车总线技术，如CRH1、CRH3和CRH5高速动车组采用由TCN网络构成的列车控制系统。

5.4.1　列车网络控制系统的功能

列车牵引网络控制系统通过列车网络，获得各车辆单元设备的状态数据，并按照预先控制策略向各车辆控制单元发出转矩等控制命令，经车辆控制单元处理后，最后由传动控制单元控制驱动装置实现列车牵引与制动等功能。列车控制系统功能图如图5-64所示。

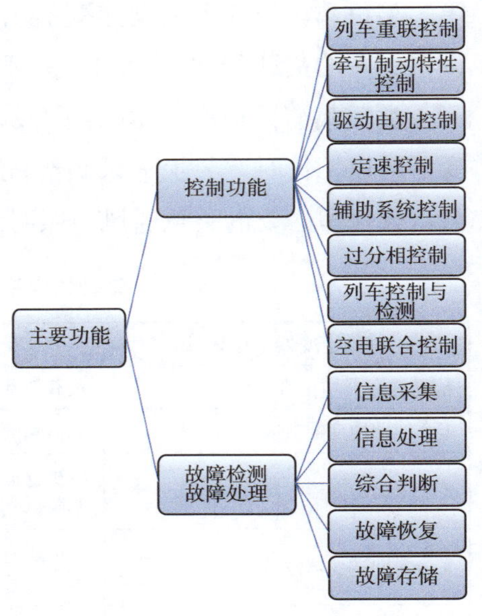

图5-64　列车控制系统功能图

1. 控制功能

(1) 列车重联控制

列车重联控制包括：信息采集、信息处理、综合判断、故障安全恢复及导向、故障存储。

对列车的动力设备包括其他设备进行远程自动控制及故障检测，信息通道为列车总线、车辆总线及贯穿全列车的少许硬连线。主要功能包括确定列车总线主节点和中央控制单元、判断机车的牵引运行状态，进行全列车的牵引力计算与分配，传送各种控制指令及反馈状态信息。

(2) 牵引制动特性控制

牵引时根据司机设定的速度，制动时根据司机设定的制动力，由中央控制单元根据牵引/制动特性进行计算，动态分配给牵引单元，但某一牵引单元出现故障丧失牵引力/制动力时，牵引力/制动力由其他牵引单元均分或者直接切除。

（3）驱动电机控制

根据给定的控制指令，利用磁场定向矢量控制、直接转矩控制方法，控制牵引逆变器，实现列车牵引的控制目标。

（4）定速控制

在保证列车运行平稳的前提下，根据当前实际运行速度、线路条件和负载对牵引力进行调整，实现列车恒速运行。

（5）辅助系统控制

根据辅助变流器的状态进行负载配置控制，向辅助变流器发送启停命令和变频指令，根据设备温度综合评判设置辅助系统变频控制等级，当辅助变流器故障时实现切换控制及启停控制，并实现辅助系统库内带供测试。

（6）过分相控制

过分相控制可以实现自动过分相、半自动过分相、手动过分相 3 种模式。自动过分相模式不需任何操作，司机手柄可以不回零，过分相后可以回到过分相前的状态。在半自动过分相模式时，当列车接近分相标志点，司机通过过分相按钮，封锁变流器控制脉冲，断开主断路器，过分相后自动闭合主断路器，自动恢复到过分相前状态。

（7）列车控制与检测

列车控制主要包括车门控制、照明控制、逆变器控制、空调控制、客车制动系统的信息交换与控制、烟火报警处理、客车信息的集中显示与智能故障诊断等。

（8）空电联合控制

根据控制制动系统的指令及相应逻辑投入电制动，同时根据制动指令的级位产生相应的电制动力，并将电制动力的大小及电制动状态反馈给控制制动系统，实现空电联合制动。

2. 故障检测与故障处理

根据各传感器的检测信号进行综合判断，尽可能确定故障点，达到隔离故障和故障导向安全的目的。主要分为信息采集、信息处理、综合判断、故障安全恢复及导向和故障存储 5 个方面。

设备故障按照严重程度分为三个等级。一级故障定义为严重影响列车运行功能，多数情况下需要司机立即采取措施，或者控制系统导向安全后才能维持列车运行的故障；二级故障为不会严重影响列车运行，但是仍要在进行下一个操作之前清除故障或隔离故障；三级故障为不会影响列车运行，可以等到下个操作之后再清除。

（1）信息显示与信息设定

通过信息显示单元完成命令发送、参数设置，并显示车载设备的状态信息、故障信息、查询信息、维护信息和记录信息等。

（2）数据存储

数据存储的内容包括操作记录、关键状态数据和故障信息等，其中故障信息应包括故障等级、故障时间、故障类型等。

5.4.2 列车网络控制系统构成及原理

自从 20 世纪 70 年代末到 80 年代初，用于传动控制的车载微机雏形出现以来，列车通信网络先后尝试了 LonWorks、WorldFIP、ARC-NET、FSK、CAN 等通信技术，经过多年的应用和实践，目前较为成熟的开放列车网络主要为 TCN 标准。

1. TCN 列车控制网络

（1）基本构成与通信原理

TCN 用来连接车载的各种可编程设备或者说是各类智能化设备，以支持列车控制、车辆控制、远程诊断和旅客信息服务等各种应用。如图 5-65 所示，TCN 列车通信网采用分层结构，根据列车控制的特点，分为上、下两级层次：车辆网连接机车或者车辆内部各种终端装置；较高一级的列车主干网连接机车或车辆各网络节点。列车通信网中将列车主干网称为列车总线（Train Bus），完成列车的综合信息管理和控制决策，实现列车级控制；车厢网也称为车辆总线（Vehicle Bus），接收列车级发出的牵引指令，决策车辆单元的控制策略、优化控制目标、协调控制行为和运行监控等。列车总线和车辆总线之间通过一个列车总线节点（Node）即网关（Gateway）进行通信。有时也可在车厢总线下设第三级总线，如连接传感器的总线或连接执行单元的控制总线，可把这些总线认为是车辆总线的一部分。

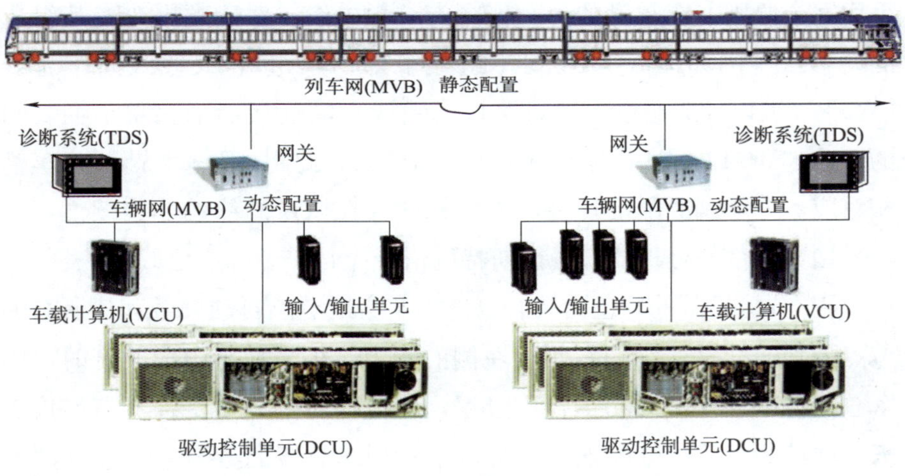

图 5-65 TCN 列车网络控制系统构成

①列车总线 WTB

列车总线 WTB 由各个车厢内固定安装的电缆通过车辆之间的互连而构成。列车总线上连接的设备称为节点，各车辆上可能有一个以上的节点。节点可以不连接车辆总线，也可能由几个车辆总线合接而成。连接有车辆总线的节点可作为列车总线和车辆总线之间的网关。通常将有动力装置的车辆（动车或机车）内的节点称为主节点（Master Node），无动力装置的车辆内的节点称为从节点（Slave Node）。列车总线的拓扑结构采用物理上的总线型和逻辑上的环型。由于是共享总线，每一列车在一次运行中必须由一个且只有一个控制列车总线工作的节点，称为控制节点。控制节点必须是主节点，一般情况下以前机车的主节点为控制节点，称为总线主设备（Bus Master）。在一个运行周期内，由总线主设备管理列车总线的运行，必要的时候总线主设备可以切换。列车总线是自组态的，当列车编组改变时，列车总线自动重新构成，得到一个总线主设备，并自动指定各节点地址、位置及识别运行方向。

WTB 以德国 DIN43322 和意大利 CD450 高速列车的经验为基础。WTB 的传输速率为 1 Mbit/s，使用专用屏蔽双绞线电缆。电缆的布置采用冗余原则，在车辆的每一侧各有一根电缆。对于频繁改变其组成的列车组（例如国际 UIC 列车组或市郊列车组），绞线式列车总线（WTB）被设计成通过手插式跨接电缆或自动连接器来实现车辆之间的互连。WTB 无需中继器便可覆盖 860 m，此距离与 22 节 UIC 车辆相对应。考虑到严酷的环境、连接器的存在以及总线的非连续性，建议采用数字信号处理器对曼彻斯特码信号译码。

WTB 最显著的特色为具有以连续顺序给节点自动编号和让所有的节点识别何处是列车的右侧和左侧的能力。每当列车组成改变时，列车总线各节点执行“初运行”过程，该过程在电气上将各节点连接起来，并给每个节点分配连续地址，于是列车总线的各节点被连续的编号。通常每节车辆有 1 个节点，但也可能有 1 个以上的节点或没有。

②多功能车辆总线 MVB

车辆设备是通信网上各种信息的发源地，也是服务命令的执行机构。车辆总线在机车（动车）、车辆或正常操作期间不分开的车辆组中是标准数据的传送载体。它既提供可编程设备之间的互连，也提供可编程设备与其传感器和执行机构之间的互连。与列车总线不同，车辆总线具有固定的结构和地址，且拓扑结构为一对多点的主从方式。在一定的周期内，由一个总线管理器（Bus Administrator）负载管理整个车辆总线，完成控制命令、状态采集及其各种功能。必要的时候，总线管理器也可以进行切换。由于列车的干扰状况和运行环境的恶劣程度是其他工业场合不可比拟的，所以车辆通信总线的可靠性要求极高。同时，车辆总线要求通信具有强实时性，能在规定的采样周期内，及时响应操作命令，及时采集机车的工况参数，给出控制和指令等。

MVB以在瑞士Lok460机车上创始的总线为基础，并已在很多车辆使用。车辆总线的引入可以显著地减少电缆使用，并且可以通过使用光缆增加可靠性。TCN规定了多功能车辆总线（MVB）作为连接车辆内设备，以及在固定编组的列车组中连接各车辆设备的车辆总线。MVB传输速率为1.5 Mbit/s，可以使用短距离的RS485、距离达200 m的变压器耦合的双绞线和距离达2 000 m的光纤3种介质工作。

（2）系统设备及功能

在TCN列车网络控制系统中，列车级设备主要有列车控制单元（CCU）；车辆级设备主要有车辆控制单元（VCU）、信息显示单元（IDC）、驱动控制单元（DCU）、数字IO单元（DX）和模拟IO单元（AX）等。

①中央控制单元（CCU）（图5-66）

列车级和车辆级都具有中央控制单元，其硬件基本相同，但运行软件不同，分别实现列车级控制和车辆级控制，以及通信管理、状态管理、故障检测和故障处理等功能。

图5-66　中央控制单元CCU

②信息显示单元（IDU）（图 5-67）

作为列车网络控制系统的人机界面，信息显示单元用以进行事件显示和车辆监控。其基本功能包括显示列车运行状态、故障信息和事件信息等功能。信息显示单元主要由彩色显示屏、输入键盘、调试接口、数据接口和网络接口等组成。

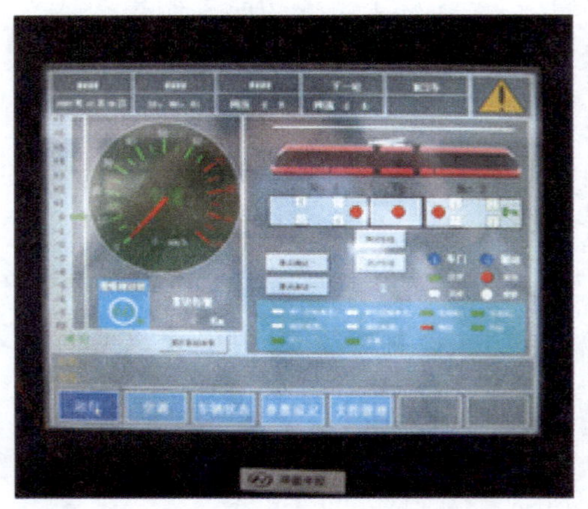

图 5-67　信息显示单元 IDU

③牵引控制单元（DCU）（图 5-68）

牵引控制单元主要实现主变流器控制、辅助变流器控制、电机变流器控制和保护等功能。牵引控制分为车辆控制和转向架控制两种模式。车辆控制模式由一个牵引控制单元控制一个车辆，而转向架控制模式则是一个牵引控制单元控制一台转向架。

图 5-68　牵引控制单元 DCU

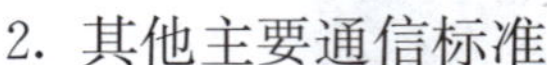

2. 其他主要通信标准

（1）WorldFIP 协议

WorldFIP 组织成立于 1987 年 3 月，是一个非盈利、中性国际组织，不附属于任何工业集团，致力于推动 WorldFIP 技术在世界范围的开发和应用。与其他一些现场总线组织不同的是，WorldFIP 组织的成员半数来自用户。目前已有一百多个成员，其中许多是工控领域的世界著名大公司，如霍尼韦尔（Honeywell）、西技来克（Cegelec）、阿尔斯通（Alstom）和施耐德（Schneider）等。早期的产品称为 FIP。FIP 是法国标准 EIP-C48-601/C48-607，后来采纳了 IEC 国际标准（61158-2）改名为 WorldFIP。相应的欧洲标准是 EN 50170-3。

WorldFIP 协议的物理层通信速率为 31.25 kbit/s、1 Mbit/s、2.5 Mbit/s 和 25 Mbit/s。传输介质为屏蔽双绞线或光纤。物理层有专业线路驱动芯片管理介质冗余。在一条通道出现故障的情况下，另一条能自动切入。物理层具有信号检错并通知网络管理和杂音侦听并中断链路层服务的机制。每个传输的帧都附加有 1 个 16 位的帧校验序列（FCS）。数据使用曼彻斯特编码。

链路层提供两种类型的传输服务：变量交换和消息传递。传输可以是周期性的或非周期性的。链路层的状态机制可以避免对错误帧的不正确响应。总线上的通信由总线仲裁器（BA）管理。它根据应用程序所要求的服务来规定总线上信息的传送次序，执行三种功能：扫描周期性变量、扫描非周期性变量、传输消息。

WorldFIP 的寻址方式同 WTB 和 MVB 类似，共有三种地址。变量寻址采用 16 位的全局的逻辑标志，广播发送；消息数据寻址采用 24 位的网络地址，支持统一网段内的多播寻址；网络地址包括网段地址和网段内的站地址。网络管理采用 8 位的物理地址和 32 字节的应用标签，物理地址可用于构成网络管理变量标志。复杂的网络管理功能也可使用网络地址。

WorldFIP 在技术上有很多特点与优势。WorldFIP 总线是面向工业控制的，采用 IEC 物理层标准，支持电缆冗余，大部分协议固化在硬件上，稳定性强；具有抗干扰能力和实时性；能完全满足 IEC 关于电磁兼容性 EMC 标准；不论低速还是高速，只有一套通信协议，所以不需要任何网桥和网关，低速与高速网络的衔接只用软件完成。

(2) IEEE1473 标准和 LonWorks 总线

20 世纪 90 年代初在美国出现的 LonWorks 工业控制网络，这些年来迅速在各个领域推广普及开来，铁路运输领域也不例外。加拿大 Bombardier 和日本川崎等公司已将 LonWorks 用作列车通信网络。

1999 年 IEEE 通过了列车通信标准 IEEE 1473-1999，其内容包含了 TCN 和 LonWorks，即 1473-T（TCN）和 1473-L（LonWorks），目前有些公司已经在生产连接这两个协议的网关。

LonWorks 使用的 LonTalk 协议实现 OSI 参考模型全部 7 层服务，并支持全面的网络管理。

LonWorks 总线采用一种改进的 CSMA/CD 介质访问控制协议，可以根据网络积压动态地调整介质访问，使发送冲突的概率降至最低，允许网络在轻负载情况下用较短的响应时间片，在重负载情况下用较长的响应时间片。另外为了提高紧急事件的响应时间，LonWorks 网络提供了一个可选的优先级机制。该机制允许用户为每个需要优先级的节点分配一个特定的时间优先级，并保证有且只有一个节点拥有这样的时间优先级。

(3) ARCNET 总线

ARCNET（Attached Resource Computer NET）是 Datapoint 公司 1977 年开发成功的一种局域网，1999 年成为美国国家标准 ANSI/ATA-878.1。从 OSI 参考模型看，它提供了网络的物理层和数据链路层服务，目前仍具有较大的应用领域。ARCNET 使用 RG-62 同轴电缆，设备与总线的连接通过 T 形连接器，该联接器的顶部与电缆相连，底部与网卡相连，电缆两端必须用 93Ω 的电阻终端。ARCNET 也可使用双绞线和光纤作为介质，ARCNET 对双绞线性能要求比较低，一般的电源双绞线都可以使用；在使用光纤电缆时新型的 ARCNET Plus 速率可以从原来的 2.5 Mbit/s 增加到 100 Mbit/s。

ARCNET 具有可靠性高、通信速率高、可确定的网络性能以及远距离通信能力等特点，是一种理想的现场总线。它具有以下 3 个突出优点：第一，采用令牌传递协议保证在确定的时间内完成消息的传输；第二，支持长度可变的数据帧（0～507 字节），额外开销小，加上其总线速率高，使得其对短信息有良好的响应能力；第三，内置的 16 位 CRC 校验和数据链路层协议使得其有较高的可靠性，并且操作简单。

ARCNET 网络的数据链路层采用了 IEEE802.4 协议，因此 ARCNET 在物理上是一个总线网，而逻辑上却是一个令牌环。ARCNET 网络的一个非常显著的特点为支持网络的重构，当网络中有新的节点进入时，将引发一次网络重构，使新节点进入逻辑环。ARCNET 网络的重构性能特别适合于列车总线的应用，尤其是列车需要编组的情况下 ARCNET 网络的优势非常明显。日本新干线上运用的一些列车如 E2 系列其列车总线就采用了 ARCNET 网络。

5.4.3 典型列车网络控制系统

目前国内外在轨道交通列车控制领域已经有了一些成功运用的典型列车网络控制系统，主要有 SIBAS 系统、MITRAC 系统、AGATE 系统和 TIS 系统。

1. SIBAS 系统

SIBAS 系统是德国 SIEMANS 公司的列车控制系统，能够实现列车的牵引系统控制、信息传输、运行监控和诊断等全部控制任务。SIBAS 控制系统目前有 SIBAS-16 和 SIBAS-32 两个系列。SIBAS-16 是典型的第一代微机控制系统，核心部分是由 16 位的 8086 型微处理器构成的中央计算机、存储器组件以及一个或多个子控制机（8088，80C188）组成。20 世纪 90 年代，SIEMENS 公司在 SIBAS-16 的基础上进一步推出了采用 32 位芯片（Intel486）的 SIBAS-32 系统，并保持与 SIBAS-16 系统的接口兼容。为了减少传统机车车辆布线，SIBAS-32 系统设有智能外围设备连接终端，即 SIBAS KLIP 站。采用 SIBAS KLIP 可以迅速综合信息和控制指令，并且通过一根串行总线传输给中央控制装置。KLIP 站可以很自由的分布在各类车辆上。如图 5-69 所示是 SIBAS 系统在地铁列车控制系统中一个应用的结构示意图。

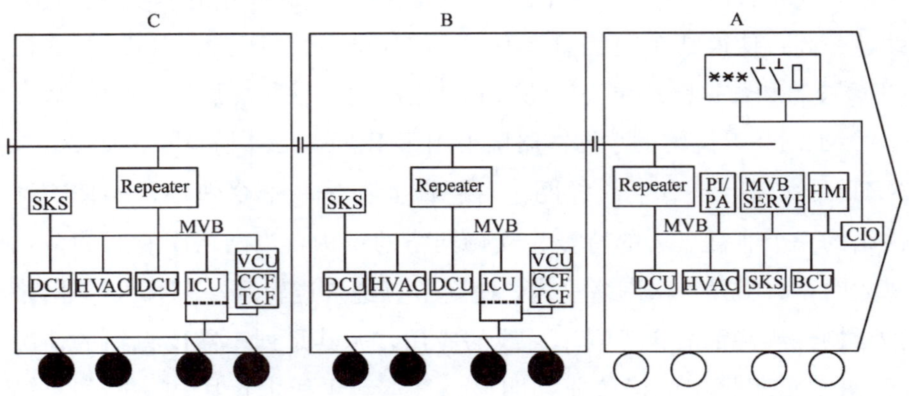

图 5-69　SIBAS 控制系统

图 5-69 中 VCU 表示车辆控制单元、DCU 表示车门控制单元、BCU 表示制动控制单元、SKS 表示 KLIP 站、HVAC 表示空调控制单元、ICU 表示变流器控制单元、CCF 表示中央控制功能、TCF 表示牵引控制功能、MVB Serve 表示 MVB 总线服务接口、Repeater 是 MVB 总线重复器。

2. MITRAC 系统

MITRAC 系统是 Bombardier 公司的系列化产品，其中包括 MITRAC TC（IGBT 牵引逆变器）、MITRAC CC（列车控制系统）、MITRAC AU（辅助逆变器）和 MITRAC DR（牵引驱动器）。MITRAC CC 是 MITRAC 系列中的列车控制系统，而该系统是在 ABB 公司 MICAS-32 系统的基础上，研制开发的新一代的机遇 MVB 总线的分布式、实时的列车控制与通信系统。Bombardier 公司为了适应不同用户，推出了 MITRAC 500 系，1000 系和 3000 系。500 系主要用于城际之间的有轨列车，1000 系主要用于高速地铁列车，而具有良好的适应恶劣环境的性能，3000 系主要用于大功率机车。

MITRAC CC（图 5-70）列车控制系统是一个分布式列车车辆控制

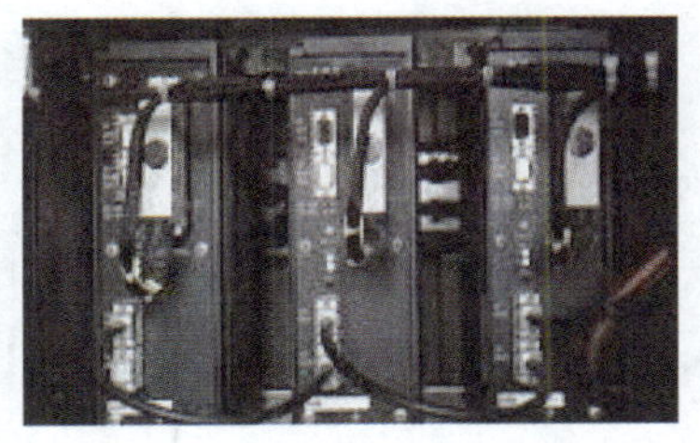
图 5-70 MITRAC CC

系统，涵盖了干线铁路车辆、城市轻轨车辆 LRV 和地铁车辆。MITRAC 列车控制通信系统的核心是 TCN 标准，允许不同用户之间的互操性。交换信息使用的传输介质为屏蔽双绞线或者光纤，列车上所有 MITRAC CC 器件都连在同一个网络上，从而可以交换程序和诊断数据，很容易增加新的设备。在 MITRAC 中没有控制柜和机箱，而是各个控制单元或 I/O 单元均自成一体。每个单元均有自己的电源盒车辆总线接口。如图 5-71 所示是 MITRAC 系统在电力机车上运用的一个系统结构图。其中 DOOR 为门控单元，HVAC 为空调控制单元，MMI 为司机和乘务员显示器，DCU/A 为辅助变流器驱动控制单元，DCU/M 为电机变流器驱动控制单元。

3. AGATE 系统

AGATE 系统是法国 ALSTOM 公司开发的列车控制系统。AGATE 系统主要由 AGATE link（列车监控），AGATE Aux（辅助控制），AGATE Traction（牵引控制）和 AGATE e-Media（乘客信息系统）四个部分组成。

AGATE 牵引控制系统主要是实现实时的机车牵引控制和产生制动命令。其主要特点是模块化设计实现安全快速的操作；主要功能的子装配系统标准化；采用 WorldFIP 总线网络，并实现和主要数据网络（TCN、CAN、FIP、LON）的通信网关；具有自测试功能；使用 EASYPLUG 技术；包括了最新技术 FPGA 器件和 PCI 总线接口。

AGATE 辅助控制系统主要是实现对列车上静态逆变器和电池充电的控制，其主要特点是结构紧凑、模块化、低成本、低噪声和快速保护等。

AGATE e-Media 乘客信息系统主要是在列车运行中，提供实时的多媒体信息和休闲娱乐，为乘客提供便利性和舒适性，同时还可以作为一种高效广告媒体，能带来新收益。

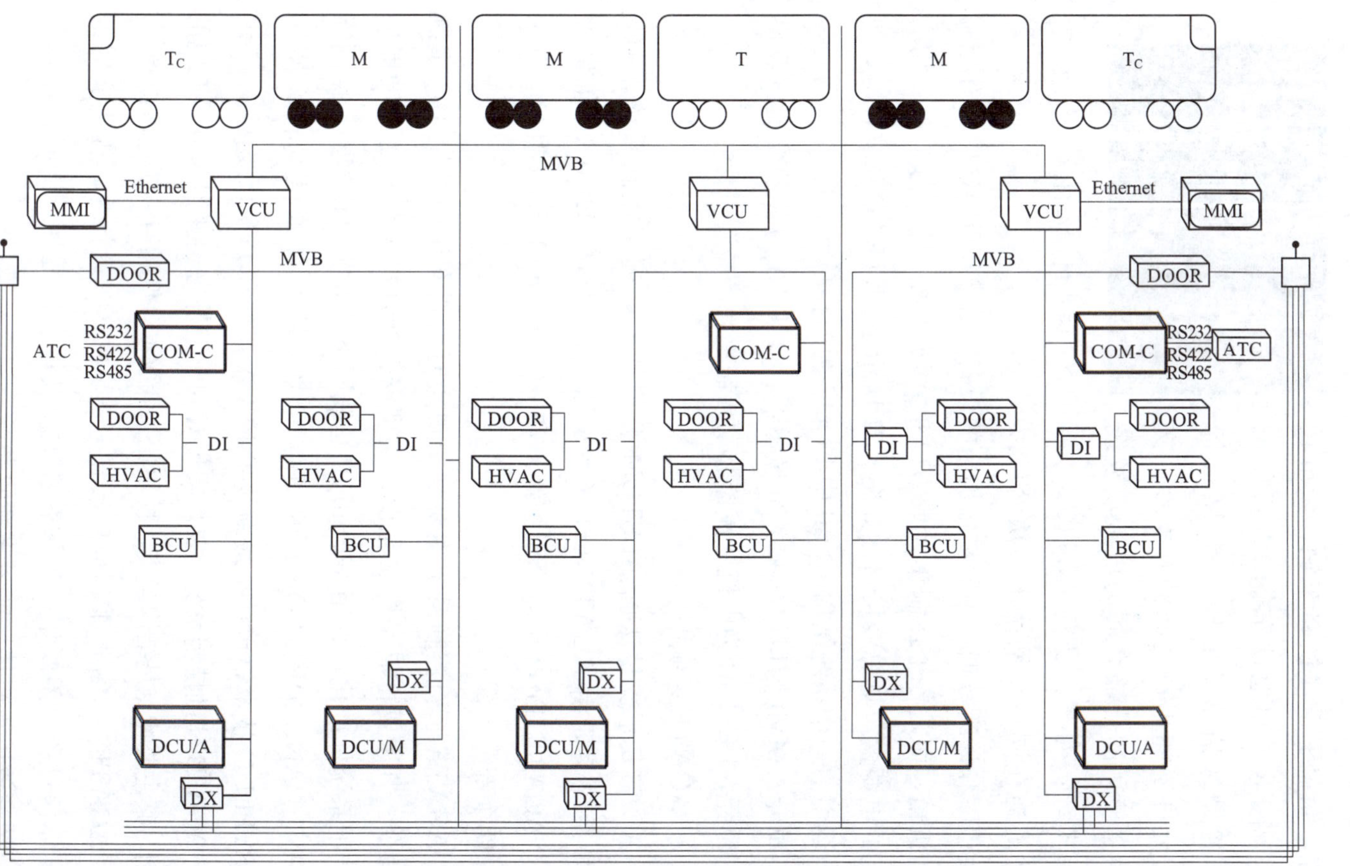

图 5-71　MITRAC 系统的运用

AGATE Link 管理和监视列车上在线的电子模块，是整列车辆维护的有效工具。通过监视列车各子系统的运行状况来提供迅速准备的列车故障诊断，从而减少了检查时间和成本，缩短了停工维护时间。

AGATE 系统采用 WorldFIP 总线完整地实现了列车控制的所有功能。如图 5-72 所示为 AGATE 系统的运用示意图。

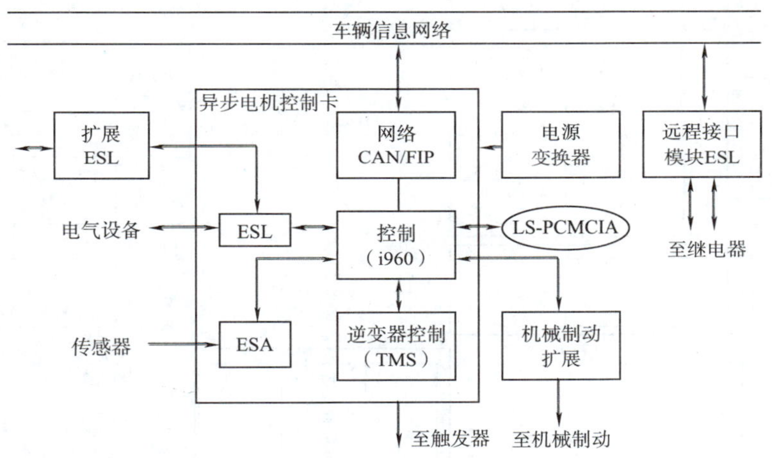

图 5-72 AGATE 系统结构示意图

4. TIS 信息系统

TIS（Train control Information management System）信息系统是日本新干线各型列车上装备的信息控制与传输系统。TIS 系统由列车通信网络、各车厢通信网和功能单元控制机组成。在各车厢内设有一终端站，它是列车通信网上的节点，也是本车厢信息传输的主站，各车厢内功能单元的信息均通过这个终端站（节点）向列车通信网络发送或从列车通信网接受信息。列车通信网上的节点中有两个主节点（中央站），运行时根据驾驶室的位置激活其中的一个（另一个则为从节点）。中央站连接显示器，并且驾驶台的信息也从中央站输入网络。

新干线的列车编组是以 2～4 节车厢组成一个车组单元为基础的，在一个车组单元内，由牵引制动控制系统、辅助电源、车门空调控制、变压器及信息子系统等相对独立的子系统构成，对车组单元的设备进行控制。当列车根据需要由 n 个车组单元构成列车编组时，这些相对独立的子系统，通过一定的信息传输手段连成一个完整的列车控制系统。如图 5-73 所示是 TIS 系统的结构示意图。

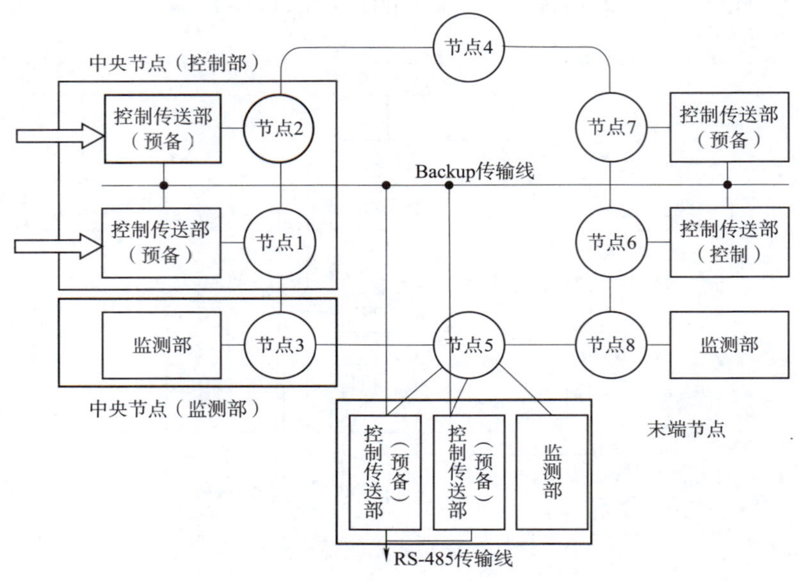

图 5-73　TIS 结构示意图

TIS 系统网络的基本结构有两种。一种结构是车厢内的终端（节点）只传输 TIS 系统的信息；另一种是节点既传输信息又传输控制命令，因此在日本新干线及既有列车上有以下三种应用形式。

(1) 二重直通线的方式。控制命令和 TIS 的信息都在二重的直通线上传输，A、B 总线上的传输方式为 FSK，速率为 100 kbit/s。

(2) 控制命令用二重直通线。控制命令从司机台发出，通过 A、B 二重总线与各车厢变流器—逆变器单元直接连接。命令传送方式采用移频键控 FSK 方式，速率为 19.6 kbit/s，TIS 的信息用单一 FSK 方式传输，速率为 38.3 kbit/s。

(3) 列车总线和车辆总线方式。各车厢的节点通过两个方向相反的环形网络连接，采用光纤作为介质，速率为 2.5 kbit/s；车辆总线用于连接车载节点和车厢内的功能单元，采用双绞线及 RS485 电气标准，速率最大为 1 Mbit/s，控制命令和 TIS 信息都在这两个网上传输。

6 信号系统

6.1 信号系统以及信号系统作用

1830年，最早的客运铁路系统在英国的利物浦到曼彻斯特之间开始运营。1837年，英国的库克和惠斯登获得了第一个电报发明专利权，他们研制的电报机获得了成功。两年之后，英国的大西部铁路（Great Western Railway）首先将他们研制的电报机应用于两个车站间的通信之用。1841年，他们的电报机被设置在North Midland铁路中的一个隧道两端，实现了隧道两端间的通信，有效地防止两列列车同时进入隧道，避免列车发生碰撞，保证了列车的行车安全。这就是固定闭塞信号的起源，它有效地实现了“避撞”。而随后的1856年联锁装置也在英国也被研制出来，在布列克勒叶·阿姆斯（Brickloyer Arms）车站得到了应用。这套联锁装置由萨克斯倍（Saxby）研制的，因此被人称作萨式机械联锁机，其中信号机与道岔的控制杆根据遵循因果关联原则或者相关进路原则相互锁闭，实现了车站的列车进路设置，同时保证了车站列车运转的安全。1872年，可以用来检测列车位置的轨道电路也被研制出来，其有效地将区间划分为多个“避撞”区间，保证安全的前提下极大地提升了行车的效率……可以看出，伴随着铁路的诞生，人们就采用信号指挥列车运行，从原始的光信号到各种类型的现代化轨道交通信号系统和设备，人们一直寻找并利用当时最先进的技术装备来提高铁路的安全和效率。由于这些设备都是通过视觉或听觉信号给铁路行车人员传答运行条件、设备状态和行车指示等信息，因此，当与信号相关的设备经过长期的实践、积累经验、不断改进，元件和设备数量逐渐增加、功能不断完善、结构日趋复杂，最终形成了一个有形的系统，人们便将这个系统称作信号系统。

时至今日，虽然铁路信号系统所采用技术得到了突飞猛进，融入了先进计算机、通信和控制技术，但信号系统所采用的基本框架和原理依然是 19 世纪时所建立的。目前，铁路信号系统是铁路上用的信号、联锁、闭塞等设备的总称，是铁路运输系统中保证行车安全、提高区间和车站通过能力以及编解能力的手动控制、自动控制及远程控制技术装备的总称。铁路信号有效地保证了列车运行安全，提高了铁路运输效率，降低运输成本，改善了行车人员的劳动条件，因此，轨道交通系统（包括城市轨道交通、高速铁路、磁悬浮有轨电车等）都把信号系统视为轨道交通运输安全体系中的重要组成部分，可以说在轨道交通大力发展的今天，没有信号系统就没有轨道交通运行的安全。

现代铁路信号系统一般由行车指挥调度系统、车站联锁系统、列车运行控制系统、代用信号设备以及监测与维护系统等组成，是一个集控制、通信、信息、网络和计算机技术为一体的综合控制系统，负责轨道交通的综合调度指挥、安全运行控制和自动驾驶的控制系统。行车指挥调度系统根据列车基本运行图所制定的日（班）计划和列车运行正、晚点情况，调整计划，并下达给各个车站联锁系统；车站联锁系统根据计划及时建立各列车安全进路，为列车提供进、出站及站内行车的安全进路；列车运行控制系统根据车站进路、线路允许速度、前行列车的位置、安全追踪间隔等，向后续列车提供行车许可等信息，实时监督运行速度，保证列车间的最小安全间隔距离实现最大的运输能力。总之，轨道交通信号系统是为了保证运输安全和提高效率而诞生并且不断发展的。信号系统组成示意图如图 6-1 所示。

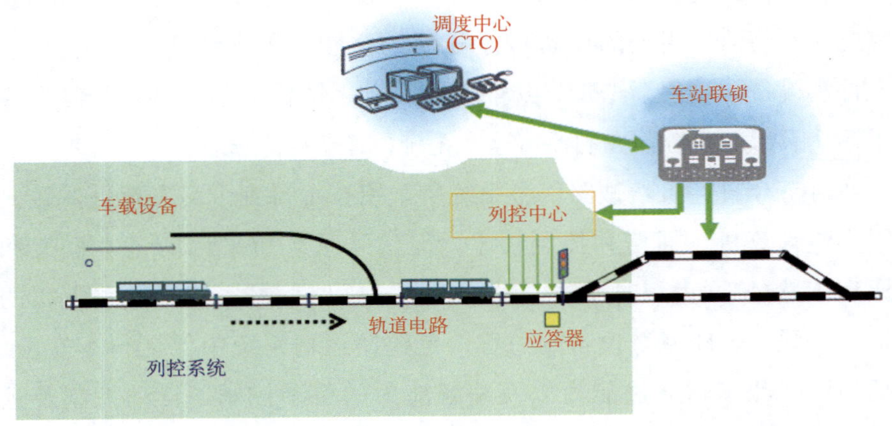

图 6-1 现代铁路信号系统组成示意图

6.1.1 信号的种类及显示方式

信号系统的种类按照按人体感官辨别不同分为：视觉信号和听觉信号。视觉信号利用信号的颜色、形状、位置、显示数目及灯光状态等对人的视觉产生影响，信号机、机车信号、信号旗（牌）以及火光等都属于视觉信号。听觉信号是用音响表示的信号，包括口笛、喇叭、响墩以及机车鸣笛等，其中响墩（以车轮压响墩发出的爆炸声）来通知司机列车紧急停车。英国约克铁路博物馆的臂板式信号机及各种手持信号灯如图 6-2 所示。

按照信号机是否移动可以分为手信号、移动信号和固定信号。手信号是由人直接挥动信号旗和信号灯来下达的各种命令，如图 6-3 所示。固定信号按照设置部位来分可以分为地面信号和机车信号：地面信号常见的有臂板信号机、色灯信号机。而机车信号是在列车驾驶室内能够自动显示列车运行前方地面信号机或者显示列车的运行许可的机车车载系统，如图 6-4 所示。在施工或维修区段临时设置的信号牌、信号灯，这就是移动信号。移动信号相对于固定信号而言，是可以根据需要实现灵活、临时设置的信号。移动信号包括停车信号、减速信号和减速防护地段终端信号。

图 6-2 英国约克铁路博物馆的臂板式信号机以及各种手持信号灯

图 6-3 现代京剧《红灯记》中的手持信号灯

图 6-4 DF11 型内燃机车车载信号机

铁路信号设备还可以按照其设置地点来分，可以分为车站信号、区间信号、机车信号、道口信号、驼峰信号；按用途分为进站、出站、通过、进路、预告、遮断、驼峰、驼峰辅助、复示、调车信号机；而按照信号的作用能够分为：停车信号、注意信号、减速信号、警戒信号等；按信号显示制式可分为选路制信号和速差制信号。

6.1.2 地面信号

地面信号机通常为臂板信号机和色灯信号机。臂板信号机目前在我国已极少采用，在漯阜铁路仅存的臂板信号机也已在2012年的电气化改造中退出历史舞台。从新中国建国开始直至上世纪70年代，由于当时大部分铁路均未实现电气化，沿线无可靠的电源供电，因此机械臂板信号机曾得到广泛应用。但是由于其通过导线（钢线）传动，受气候热胀冷缩的影响，维护比较困难，而且导线沿路敷设影响站内人员的作业安全，目前已极少采用。

（1）臂板信号机

臂板信号机利用臂板的不同位置（夜间用灯光显示信号）来给予司机指示。臂板信号机应保证操纵人员在室外能瞭望到信号显示状态，一般白天看臂板位置，夜间看臂板的背光灯。臂板处在定位状态，背光灯为大白色灯光；臂板反位时背光灯为小白色灯光。

如果按操纵方式来划分，有机械臂板信号机和电动臂板信号机两种。机械臂板信号通过人力操纵（图6-5为操纵握柄）、线缆传动；电动臂板信号机则通过电动机执行操纵动作。

按信号机上装设臂板的数目来划分，有单臂板信号机、双臂板信号机和三臂板信号机。臂板的形状和颜色有两种，一种是作为主体信号用的红色臂板，其端部为方形；另一种是端部为鱼尾形的黄色臂板，也就是预告臂板，它的作用是将主体信号机（如进站、出站、通过信号机）的显示状态提前告诉司机。如图6-6所示，臂板不同位置所表示的意义。单臂板信号机只有红色的主体信号表示臂板，而双臂版信号机既有主体信号臂板也有预告臂板。对于三臂板进站信号机，它有三块臂板，上面一块叫主臂板，用于显示主体信号；中间的叫通过臂板，即预告臂板，外表示镜上装有绿、黄两块色玻璃；下面的一块叫辅助臂板，端部为方形，红色带白条，外表示镜上只装一块黄色玻璃，平时与机柱重合。

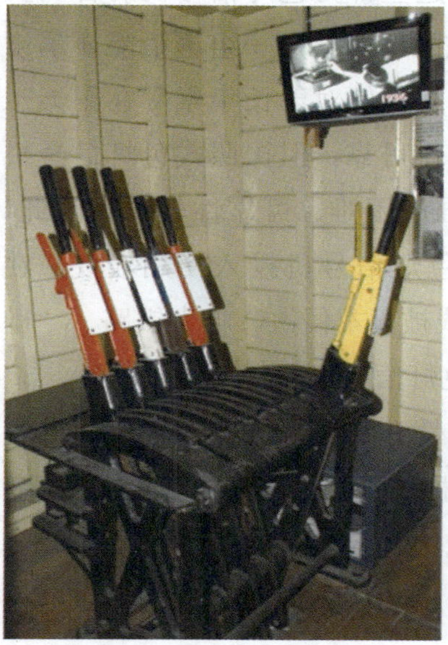

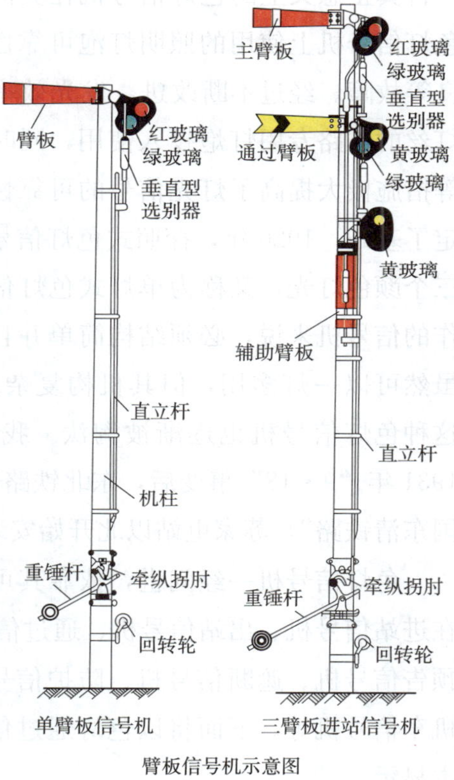

臂板
红玻璃
绿玻璃
垂直型
选别器
直立杆
机柱
重锤杆
牵纵拐肘
回转轮
单臂板信号机
主臂板
红玻璃
绿玻璃
垂直型
选别器
通过臂板
黄玻璃
绿玻璃
黄玻璃
辅助臂板
直立杆
牵纵拐肘
重锤杆
回转轮
三臂板进站信号机
臂板信号机示意图

图 6-5　英国约克铁路博物馆的臂板信号机信号的室内握柄

Stop
停车
Caution
慢行
Clear
快速通过

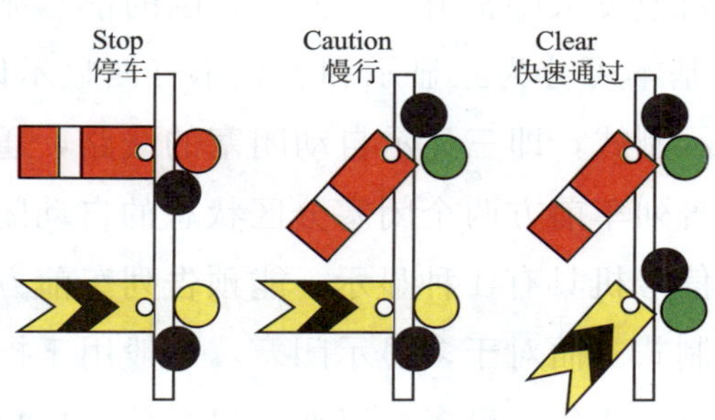

图 6-6　臂板不同位置的含义

(2) 色灯信号机

1876 年，电灯问世，同时引发了铁路信号的一场革命。1893 年第一台真正意义上的色灯信号机在美国旧宾夕法尼亚铁路问世。但由于色灯信号机上使用的照明灯泡可靠性较低，易产生灯丝烧断、绝缘不良等故障。经过不断改进，发光效率高、寿命长、低电压、双螺旋形灯丝的铁路专用灯炮投入使用，同时，增加了灯丝告警以及备用灯丝等措施极大提高了灯光信号的可靠性，这些都为色灯信号机的普及奠定了基础。1920 年，探照式色灯信号机问世，其是一组透镜能显示出三个颜色灯光，又称为单灯式色灯信号机。但对于长年累月在露天工作的信号机来说，必须结构简单并且工作可靠，但探照式色灯信号机虽然可以一灯多用，但其机构复杂、维修困难、可靠性较低，因此，这种色灯信号机也逐渐被淘汰。我国色灯信号机投入使用较晚。在 1931 年“9·18”事变后，东北铁路干线被日本侵占，哈大铁路（“中国东清铁路”）苏家屯站以北开始安装色灯信号机。

色灯信号机一经问世，依靠其可靠性和稳定性，已经被广泛的用在进站信号机、出站信号机、通过信号机、进路信号机、调车信号机、预告信号机、遮断信号机、防护信号机、复示信号机、驼峰信号机和机车信号机等。下面将以色灯通过信号机为例，讲述色灯信号机的基本显示。

在经历了我国六次大提速后，大部分干线铁路都已经实现了自动闭塞区段并且运营速度大幅提升，因此，我国的信号显示制式信号按自动闭塞情况数基本可分为三显示和多显示（四显示以上）等制式。顾名思义，三显示制式，即三显示自动闭塞的线路，通过信号机具有三种显示，能预告列车前方两个闭塞分区状态的自动闭塞。四显示自动闭塞是指通过信号机具有 4 种显示，能预告列车前方 3 个闭塞分区状态的自动闭塞制式。而对于多显示闭塞，一般用于提速干线或高速铁路的区间信号显示码序，最多可以通过机车信号信息预告前方 7 个闭塞分区的状态。

①三显示闭塞的通过信号机显示（图 6-7）

对于我国铁路视觉信号的基本颜色和其代表的意义在《铁路技术管理规程》中有详细的规定：红色：禁止机车车辆越过该信号机；绿色：准许列车按规定速度通过该信号机；黄色：要求列车减速通过该信号机。而在三显示自动闭塞中，绿灯表示前方两个闭塞分区空闲，列车可按规定速度运行；黄灯是告警信号，表示运行前方只有一个闭塞分区空闲，列车可以越过黄灯后开始制动；红灯表示列车应在该信号机前停车。

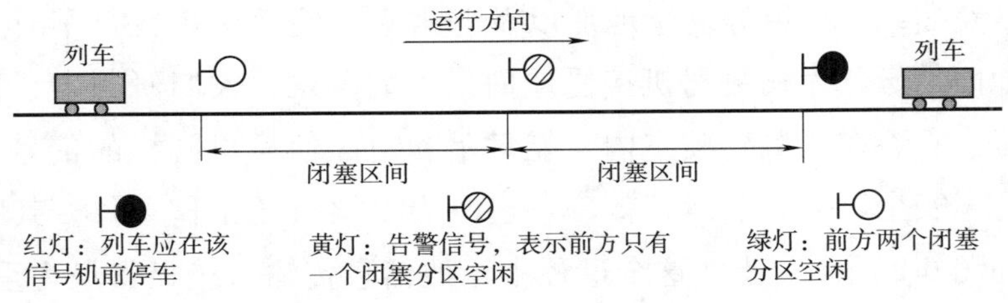

图 6-7　三显示闭塞的通过信号灯显示

同理，四显示自动闭塞的通过信号机具有四种显示：红（停车）、绿黄（警惕）、黄（限速）、绿（通行），能预告列车前方 3 个闭塞分区状态。

②多显示闭塞的通过信号机

多显示自动闭塞，是对四显示及以上自动闭塞的统称，其地面通过信号机一般不具备多显示的条件，多显示自动闭塞只能通过机车信号或列控系统车载设备的人机界面（DMI）显示。对于进路式信号显示制式的多信息自动闭塞系统来说，信号显示只是表示了列车前方空闲分区的数目。实际上，目前我国提速干线以及高速铁路采用的就是这种制式的自动闭塞系统。图 6-8 为我国多显示闭塞系统的显示码序，其中，机车信号信息名称中的 L5 表示运行前方 7 个及以上闭塞分区空闲、准许列车按规定速度运行，同理，L4 至 HU 以此类推。多显示闭塞的通过信号机显示如图 6-8 所示。

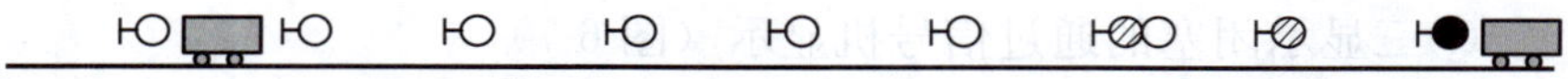

地面信号显示	L	L	L	L	L	LU	U	H
机车信号显示	L	L	L	L	L	LU	U	HU
机车信号信息名称	L5码	L4码	L3码	L2码	L码	LU码	U码	HU码

图 6-8　多显示闭塞的区间通过信号机显示示意图

6.1.3　车载信号

铁路曲线、隧道等复杂地形以及恶劣天气使得司机在行车时无法看清地面信号，为解决司机接受地面信号的困难，人们研制出了机车信号机，它装在司机驾驶室内，能显示和地面信号机同样的信号，保证了行车安全，提高了运行效率，也改善了司机的工作条件。其工作原理如图 6-9 所示。当然这个过程中车地信息传输系统显得最为重要，不同的国家采用不同的技术手段和装备。在我国既有线大部分车地传输系统依靠轨道电路来实现，而在其他国家也有采用有源应答器（欧洲）、交叉环线（欧洲）、地面子（日本）等设备来实现。

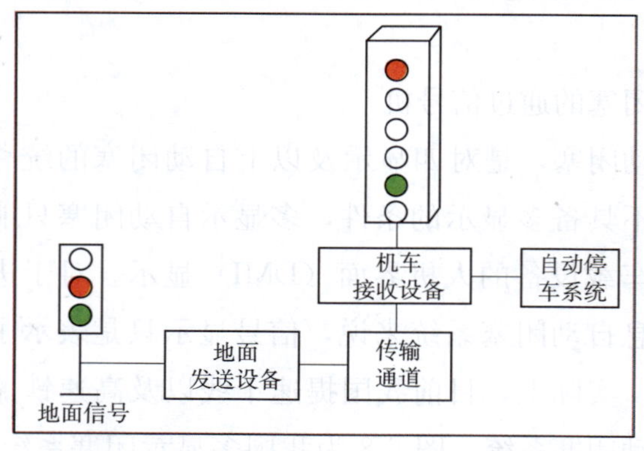

图 6-9　机车信号机工作示意图

轨道电路的一个基本功能就是利用电磁感应原理实现与车载设备之间的单向信息传送，即将地面信号发送到车上。其主要原理是地面轨道电路发送设备根据发送条件，将所要传递的信息按照一定的调制方式转换为调制信号进行发送，车载设备利用安装在机车轮对前的感应线圈，与轨道上传来的轨道电路信号发生电磁感应，使感应线圈产生出与地面轨道电路信号相一致的感应信号，经机车信号主机信号处理、译码后就可以获得相应的机车信号信息。图 6-10 给出了机车信号显示与地面信号显示之间的关系。

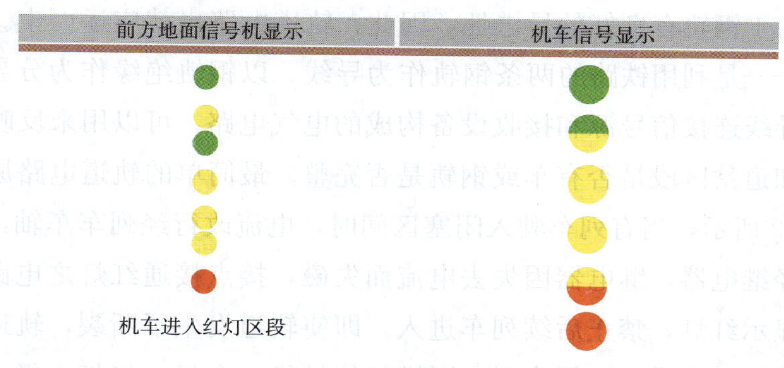

图 6-10　地面信号与机车信号对应关系

6.2　轨道电路

6.2.1　闭塞与轨道电路

闭塞是通过技术手段，把一条完整的线路分成多个一定长度的区间，每个区间称为一个闭塞区间或一个闭塞分区。在保证行车安全方面，闭塞区间起着重要作用。假如某列列车进入了某个闭塞区间，那么该区间就被占用，不会再允许其他列车进入该区间了。换言之，同一时间、同一闭塞区间内决不允许有两列以上的列车存在——这是确保列车安全的基本原则。随着铁路的发展，铁路的速度不断提升，但是以闭塞的手段来保证列车的安全的基本的原则从未改变。闭塞示意图如图 6-11 所示。

闭塞保证的原理虽然简单，但是实现起来还是需要一定的技术手

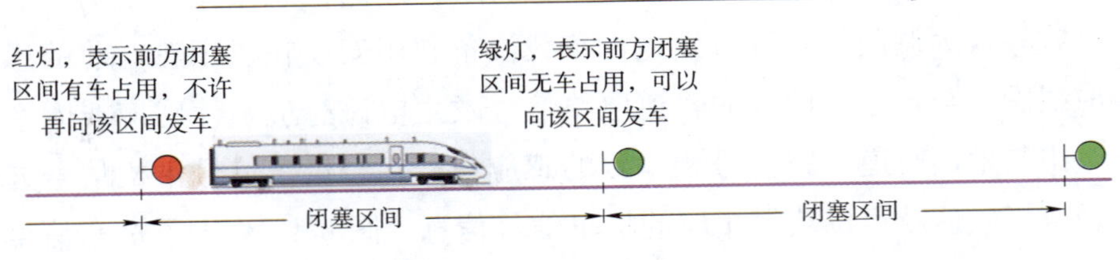

图 6-11　闭塞示意图

段，由于钢轨有良好的导电性，因此，轨道电路也就应运而生。轨道电路——是利用铁路的两条钢轨作为导线、以钢轨绝缘作为分界、并利用导线连接信号源和接收设备构成的电气电路，可以用来反映钢轨线路和道岔区段是否有车或钢轨是否完整。最简单的轨道电路原理如图 6-12 所示，当有列车驶入闭塞区间时，电流改行经列车车轴，并不会流经继电器，继电器因失去电流而失磁，接点接通红灯之电路，信号机显示红灯，禁止后续列车进入。即使轨道发生了断裂，轨道电路因此阻断，造成继电器失磁，同样的信号机也会显示红灯，仍可保障列车行驶安全。当列车驶离整个闭塞区间，继电器便会重新激磁，绿灯便会再次亮起，后续的列车能够继续通行。

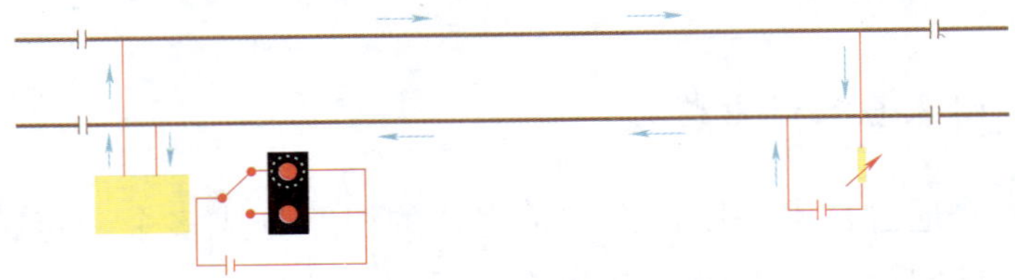

图 6-12　轨道电路的基本原理

随着编解码技术的发展，人们开始利用电磁感应原理实现地面与车载设备之间的信息传送，信息包括允许速度值、前方空闲区间等，因此，轨道电路开始具备了两大基本功能：第一是通过轨道电路工作状态实现列车占用检查；第二实现与机车车载设备之间的单向信息传送，即将信号发送到机车上。目前我国所应用的绝大多数信号系统都是基于轨道电路的，其主要原理如下：轨道电路发送设备根据发送条件，将所要传递的信息按照一定的调制方式转换为调制信号进行发送，车载设备利用安装在列车轮对旁的感应线圈，与轨道上传来的轨道电路信号发生电磁感应，使感应线圈产生出与地面轨道电路信号相一致的感应信号，经信号处理、译码后就可以获得相应的列车行车许可信息。目前，我国已广泛推广使用 ZPW-2000A 无绝缘型轨道电路。

6.2.2 轨道电路状态

轨道电路工作状态主要包括调整状态（空闲）、分路状态（占用）和断轨状态（故障）等三种。

（1）轨道电路调整状态

调整状态指轨道电路在没有机车车辆占用时，轨道电路处于空闲状态，不论在任何不利的电源和天气等条件下，轨道电路发送设备所发出的信号电流经钢轨流向接收设备，轨道电路的接收设备能够接收到足够强度的信号电流，使得接收端的继电器都处于励磁状态，发出轨道电路区段空闲的信息，显示本轨道电路“空闲”。

（2）轨道电路分路状态

分路状态指轨道电路被机车车辆占用时，使轨道电路被列车轮对分路，分路电阻小于接收设备的输入阻抗，流入接收设备的信号电流小于信号分析门限，使得接收端的继电器都处于失磁状态，接收设备发出轨道电路区段被占用的信息，进而对驶入本轨道电路的列车起到防护的作用。

列车分路轨道电路所形成的短路电阻称为列车分路电阻。它由车轮和车轴的电阻以及轮缘与钢轨的接触电阻所决定，因此其与列车车轴、车轮的材料及数量、车辆整备质量以及载重情况、黏着情况、列车行驶速度、车轮与钢轨磨耗、钢轨材料表面的绝缘程度等因素相关。当轨道电路被分路，使轨道电路接收设备恰好能够反映轨道占用时的列车分路电阻称为轨道电路的分路灵敏度。对具体的轨道电路来说，该段轨道电路的极限分路灵敏度是取各点分路灵敏度的最小值，一般规定的最小分路电阻称为标准分路灵敏度（我国铁路标准分路灵敏度为 0.06 Ω）。即在最不利条件下，用 0.06 Ω 的电阻在轨道电路任意点进行分路时，轨道电路都应能反映轨道占用状态。

（3）轨道电路断轨状态

断轨状态指轨道电路任何部分出现故障时，接收端的继电器都处于失磁状态，发出故障信息。当轨道电路处于分路状态时发生断轨，使得流入接收设备的信号电流明显下降而小于接收设备的信号分析门限，轨道电路不能转换为调整状态（空闲），信号将仍然被显示“占用”状态；而当轨道电路处于调整状态时，断轨后信号电流明显下降而小于接收设备的信号分析门限，防护设备将显示轨道电路“占用”信息，禁止列车驶入本轨道电路。可见在断轨的情况下，轨道电路能够自动实现“故障—安全”的原则，保证列车运行安全。

6.2.3 ZPW2000A 轨道电路

ZPW-2000A 型无绝缘轨道电路是在充分吸收法国 UM71 无绝缘轨道电路技术优势的基础上，经过技术改进和创新设计的一种轨道电路。不仅能够利用轨道交通线路的钢轨作为导体、用以检查线路上有无列车，传递列车占用信息，并可实现地面向列车信息传递。

ZPW-2000A 型无绝缘轨道电路系统功能主要包括：设备状态检查、列车占用检查和地—车信息传输等。

1）状态检查

包括设备工作状态检查以及列车占用检查。设备工作状态主要是针对无绝缘轨道电路调整状态，列车占用检查主要是针对无绝缘轨道电路分路状态。状态检查的工作过程描述如上小节轨道电路调整状态和分路状态的描述。在设备工作状态下，流入接收设备的轨道电路信号的电流幅度需要达到接收设备所规定的调整状态灵敏度的要求，而对于列车占用状态对于流入轨道电路接收设备的轨道电路信号电流需小于接收设备所规定的灵敏度的要求。

2）地—车控制信息传输

ZPW-2000A 无绝缘轨道电路，可以在分路状态下轨向车载机车信号传递行车信息。对于安装在列车上的机车信号设备来说，利用机车信号接收线圈以电磁感应的方式将其下方的轨道电路信号电流转换为相应的机车信号感应电压信号并输入到机车信号主机。主机对机车信号感应电压信号进行相应的解调和译码，以提取信号中的行车信息，并根据该信息内容控制机车信号的显示。在此状态下，为保证机车信号和轨道电路的正常工作，要求相应的短路电流要满足机车信号接收灵敏度的要求。

ZPW-2000A 系列轨道电路采用谐振隔离式电气绝缘节，信号载频采用音频频段，共计 8 种载频，有 1 701.4、1 698.7、2 301.4、2 298.7、2 001.4、1 998.7、2 601.4 和 2 598.7 Hz；调制方式为 FSK（Frequency. Shift Keying）频移键控，18 种调制低频信号频率为 10.3、11.4、12.5、13.6、14.7、15.8、16.9、18.0、19.1、20.2、21.3，22.4、23.51、24.6、25.7、26.8、27.9 和 29.0 Hz，这些频率信号分别代表不同的行车信息见表 6-1。表 6-1 中，部分行车信息意义已在 6.1.2 节的多显示闭塞信号机中进行了介绍。

表 6-1　轨道电路低频信息定义

序号	1	2	3	4	5	6	7	8	9
信息名称	L5	L4	L3	L2	L	LU	LU2	U	U2S
频率（Hz）	21.3	23.5	10.3	12.5	11.4	13.6	15.8	16.9	20.2
序号	10	11	12	13	14	15	16	17	18
信息名称	U2	UUS	UU	HB	HU	H	载频切换	占用检查	L6（预留）
频率（Hz）	14.7	19.1	18	24.6	26.8	29	25.7	27.9	22.4

6.3　计算机联锁

从 6.2.1 的闭塞定义可以知道：防止列车冲突的传统做法是把铁路线路划分成许多区段，在车站之间的区段称作区间，在车站内的区段称作进路，在每个区段的入口处设置信号机进行防护。

对于区间来说，可以通过人工或技术方法检查区间内确实无列车存在，即在空闲状态时，防护该区间的信号才能开放。而对于车站进路来说，同样需在进路的入口设置信号予以防护。但在信号开放时不仅要检查进路是否空闲，同时需要检查进路中的道岔位置是否正确以及是否和其他进路发生冲突等。只有在进路空闲、道岔置正确并锁闭（不能再操纵）和可能发生冲突的进路（称作敌对进路）没有办理并已锁闭（不能再办理）的条件下，信号才能开放。列车驶入进路后，防护信号应立即关闭。列车驶离进路中的道岔区域后，道岔和敌对进路才允许解锁。由此看出，为了保证行车安全，信号机、道岔与进路之间必须以技术手段保持一定的操作顺序，这种制约关系和操作顺序被称为联锁。因此，又称保证车站行车安全的信号系统为车站联锁系统。

早期的联锁设备是以人工来操纵信号机和道岔的。后来采用了自动信号机和动力转辙机等电气设备，特别是在 1927 年发明了轨道电路以后，用它检查线路是否空闲，这为实现铁路联锁的自动控制创造了条件。在车站信号系统中，采用了信号机、转辙机和轨道电路之后，既缩短了办理进路的时间，提高了运输效率，又改善了调度人员的工作条件。随着电子技术的发展和普及，世界各国都开始用专用安全型继电器作为铁路联锁系统的主要控制器件。然而自上世纪 70 年代以来，随着计算机技术的快速发展，促使人们用计算机来构建联锁系统。瑞典、日本、英国、德国以及前苏联等国家相继开展了计算机联锁系统的研制。1987 年瑞典首先在哥德堡车站使用了计算机联锁系统，后来其他发达国家也相继地在实际中推广应用计算机联锁系统。上世纪 80 年代初，我国也开始开展对计算机联锁系统的研究工作，经过十几年的发展，目前我国铁路已广泛应用计算机联锁系统。

6.3.1 计算机联锁的定义

计算机联锁的定义是利用计算机技术对车站作业人员的操作命令

及现场表示的信息进行逻辑运算，从而实现对信号机及道岔等进行集中控制，使其达到相互制约的车站联锁设备，即计算机集中联锁。它是一种由计算机及其他一些电子、电磁器件组成的具有故障安全性能的实时控制系统。图 6-13 给出了计算机联锁系统基本结构图。

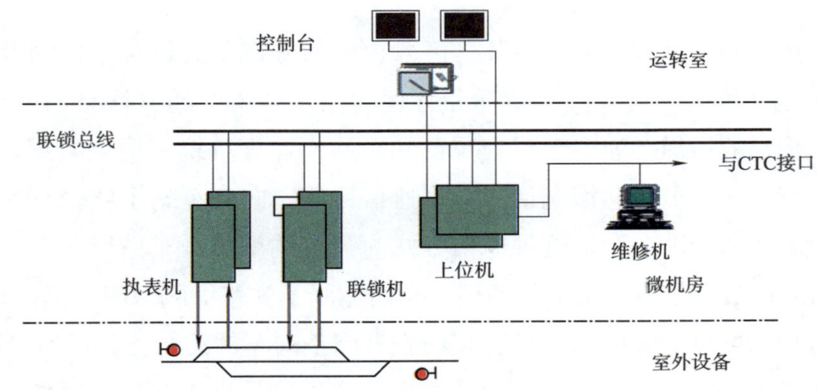

图 6-13 计算机联锁的基本机构

6.3.2 计算机联锁系统的功能（图 6-14）

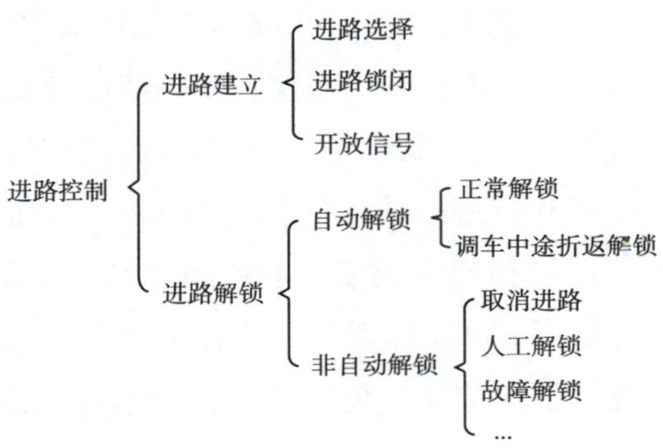

图 6-14 联锁进路控制的功能

计算机联锁系统的功能有：车站信号基本联锁控制功能；排列列车调车进路、引导、引导总锁、单操单锁、封闭道岔、单溜、连溜等功能；满足车站、编组场、枢纽等各种铁路信号作业要求；各种场间、站间联系与结合；信号相关设备诊断功能；与 CTC、TDCS、列控等系统交互信息功能。

6.4 调度集中

调度集中是调度中心对某一区段内的信号设备进行集中控制及对列车运行和司乘人员直接指挥和管理的技术装备。随着铁路的发展，列车数量的增加，为实现对列车群和车站作业进行统一协调指挥，设置了行车调度员，利用电话、电报通信手段，向各车站了解列车运行情况和下达调度命令，这种通信方式为列车调度员、车站行车人员和司机之间提供了直接对话的条件，从而克服了铁路沿线空间上的障碍，使行车调度员能够根据规定的时刻表来调整列车的运行。1927 年美国首次采用了能自动收集列车运行情况、车站信号设备状况，并能直接管理线路上道岔和信号机的调度集中系统，极大地提高了行车调度工作水平。利用调度集中系统，可以使行车调度员能集中监视和控制列车运行，减少了人的介入和管理层次。调度集中系统是建立在局部自动化基础上的遥控遥信系统，它的基础是区间闭塞和车站联锁设备。这种系统最初采用布线逻辑和编码通信技术，随着计算机的发展应用，现在采用微机在线实时监控系统，通过远距离信息交换，实现对铁路沿线设备状态的监视和控制，从而使调度指挥工作由间接了解情况转变为直接监视和控制，相当于调度员的“眼”和“手”的作用范围扩大了，这就大大提高了调度工作质量和改善了调度员的工作环境。

调度集中系统的推广应用，使行车调度指挥的装备进一步得到了完善，设备除有模拟现场设备状况和列车运行情况的表示盘，显示现场设备工作状况和集中控制现场设备的控制台外，还设置列车运行记录器，自动记录列车运行实迹，这样，调度集中设备和既有的调度电话、列车无线调度电话，就可形成行车调度员所需的看得见、管得住、说得上话、能自动记录或 GSM-12 天线电话等列车运行实迹的现代化行车调度指挥技术装备。

目前我国应用了 CTC Centralized Traffic Control，调度集中型分散自律调度集中系统紧密结合我国铁路路情，做到以 TDCS（Train Operation Dispatching Command System 列车运行调度指挥命令系统）或 DMIS（Dispatch Management Information System 调度指挥管理信息系统）为平台，以调度集中为核心，以行车指挥自动化为目标，实现了铁路运输指挥的现代化。

CTC 型分散自律调度集中系统采用计算机分布式网络控制技术和信息化处理技术，将列车运行调整计划下传到各个车站自律机中自主自动执行；在列车运行调整计划的基础上，解决列车作业与调车作业在时间与空间上的冲突，实现列车和调车作业的统一控制。

CTC 调度集中系统在信号设备控制与行车指挥方式上仅设有分散自律控制与非常站控两种工作模式。系统工作在分散自律控制模式，列车运行调整计划自动控制列车运行进路，同时调度中心具备人工办理列车、调车进路，车站具备人工办理调车进路的功能；非常站控模式，是指当调度几种设备故障，发生危及行车安全的情况或设备天窗至维修、施工需要时，脱离系统控制转为车站传统人工控制的模式。CTC 型分散自律调度集中系统可适用不同牵引动力、运行速度、运量和线路类型。

6.4.1 CTC 系统硬件结构

CTC 分散自律调度集中系统是综合了计算机技术、网络通信技术和现代控制技术，采用了智能化分散自律的设计原则，以列车运行调整计划控制为中心，兼顾列车与调车作业的高度自动化的调度指挥系统。

CTC 型分散自律调度集中系统由调度中心子系统、车站子系统和调度中心与车站及车站之间的网络子系统三部分组成：

（1）调度中心子系统

调度中心子系统由数据库服务器、应用服务器、通信前置服务器、大屏显示系统、网络设备、电源设备、防雷设备、网管工作站、系统维护工作站、行调台、助理调度员台、值班主任台、操作员台、计划员台、综合维修工作站、打印设备，远程维护接入，TMIS接口机等设备组成。

(2) 车站子系统

车站子系统主要设备包括车站自律机、车务终端、打印机、综合维修终端、电务维护终端、网络设备、电源设备、防雷设备、联锁系统接口设备和无线系统接口设备等。

(3) 网络子系统

网络子系统由网络通信设备和传输通道构成双环自愈网络，采用迂回、环状、冗余等方式组成，提高了网络的可靠性。

(4) 电源及防雷子系统

系统具备两路独立电源。调度中心、现场车站均单独设置具有无缝自动转换、稳压和隔离功能的模块化智能电源屏。调度中心配置两套互为热备的在线式UPS电源设备，采用免维护蓄电池，持续供电时间长达30 min以上，车站持续供电时间为10 min以上。调度中心及车站均安装有电源防雷系统。

6.4.2 CTC系统软件结构

分散自律调度集中系统的软件根据功能划分为若干软件子系统，各软件子系统相互配合、协调工作。

分散自律调度集中系统的软件子系统主要包括：通信服务子系统、自律控制子系统、控制计划编制子系统、列车控制子系统、调车控制子系统、综合维修子系统、车务终端子系统以及网络安全防护子系统和车地信息传输系统等。详细见图6-15。

通信服务子系统：分散自律调度集中系统内的信息交换十分复杂，主要完成中央和车站间及中央子系统各节点间的信息转发和分配。

自律控制子系统：自律控制子系统运行在每车站的自律机上，自律控制子系统通过通信服务子系统接收从控制计划编制子系统和调车控制子系统发来的阶段计划和调车计划，经过自律运算后发出进路办理命令。

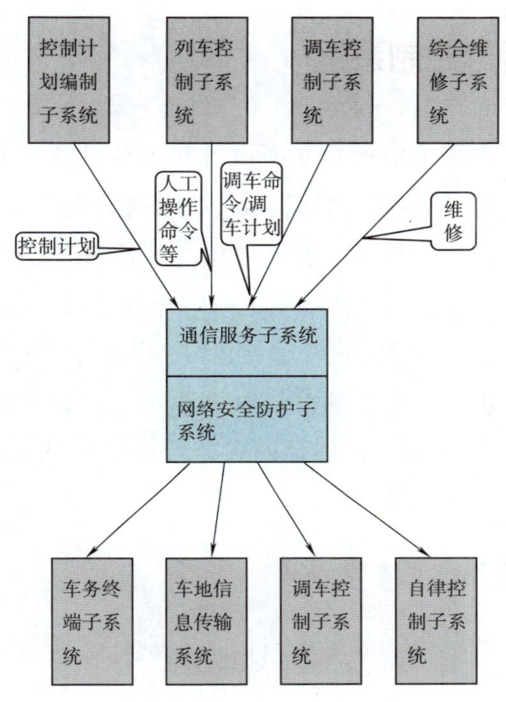

图 6-15　分散自律调度集中系统的软件子系统

控制计划编制子系统：控制计划编制子系统主要完成列车会让计划的编制和列车股道运用计划的编制。

列车控制子系统：主要实现调度中心人工进路操作控制、闭塞办理、区段解锁、非常处理等功能。

调车控制子系统：调车计划的制订和调车进路的人工控制。

综合维修子系统：完成现场人员和调度中心的联系任务，以及设备日常维护、天窗修、施工以及故障处理方面的登销记手续的办理的功能。

车务终端子系统：自动生成车站运行统计报表，显示本站相关的阶段计划、列车运行图。

车地信息传输系统：该系统可以通过既有的无线列调系统把调度命令、行车凭证、调车作业单、进路预告信息传输到机车。

6.5 列车运行控制系统

列车运行控制系统由列控地面设备和车载设备组成，其主要是保证列车在区间运行安全并提高运输效率，其应具备的功能和特点有：

（1）将先进的控制技术、通信技术、计算机技术与铁路信号技术融为一体的行车指挥、安全控制机电一体化的自动化系统；

（2）车载信号属于主体信号，直接给司机指示列车应遵循的安全速度；

（3）自动监控列车运行速度，可靠地防止由于司机失去警惕或错误操作可能酿成超速运行、列车颠覆、冒进信号或列车追尾等事故，它是一种行车安全控制设备。

6.5.1 列车运行控制系统构成

列车运行控制系统一般由车载设备、地面设备和地车信息传输设备三部分组成。

（1）地面设备

地面设备包括：轨旁设备、列车控制中心和地面通信网络设备。

（2）车载设备

车载设备包括：列车运行监控模块、测速/定位模块、显示器模块、牵引制动接口、运行记录器模块等。

（3）地车信息传输通道

地车信息传输通道包括：地面信息传输设备、车载信息传输设备、地面信息传输网络和车载信息传输网络。

6.5.2 列车运行控制系统控制模式

列车运行控制系统按照控制模式可分为：速度码阶梯控制方式和速度—距离模式曲线控制方式两类。

阶梯控制方式，在一个闭塞分区内只控制一个速度等级。在一个闭塞分区中只按照一种速度判断列车是否超速。阶梯控制方式完全不需要距离信息，只要在停车信号与最高速度间增加若干中间速度信号，因此轨道信息量较少，设备相对比较简单。这种传统的控制方式是目前高速铁路最普遍采用的控制方式。

阶梯控制方式又可分为：出口检查方式和入口检查方式，如图 6-16 所示。出口检查方式即上一区段的出口速度就是本闭塞分区的允许速度。入口检查方式中本区段的入口速度就是本区段的允许速度。

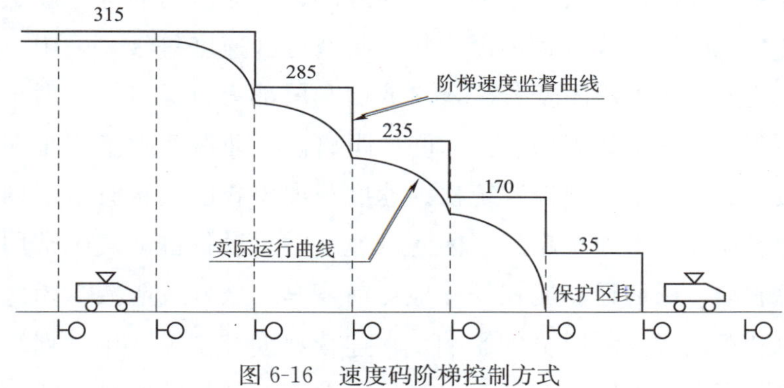

图 6-16 速度码阶梯控制方式

速度—距离模式曲线控制方式分为分段速度—距离模式曲线控制（图 6-17）一次速度—距离模式曲线控制两种控制方式（图 6-18）。

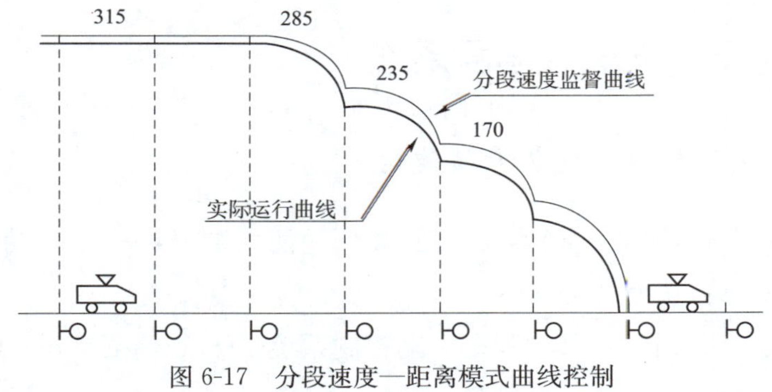

图 6-17 分段速度—距离模式曲线控制

分段速度—距离模式曲线控制方式较速度码阶梯控制方式有很大改进，但仍然没有解决按照速度等级划分固定区段影响通过能力的问题。

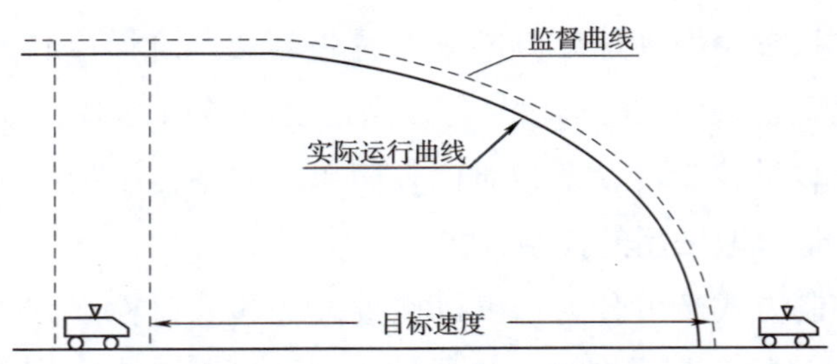

图 6-18　一次速度—距离模式曲线控制

连续速度控制模式采用根据目标距离、目标速度的方式确定速度一距离模式曲线，该方式不设定每个闭塞分区速度等级，采用一次制动。以前方列车占用闭塞分区入口或前车尾部为目标点，向列车传送目标距离、目标距离等信息。速度一距离模式曲线反映了列车在各点允许运行的速度值。列控系统根据速度距离模式曲线实时给出列车当前的允许速度，当列车超过当前允许速度时，设备自动实施常用制动或紧急制动，保证列车能在停车地点前停车。该方式能减少闭塞分区长度对列车运行间隔时分的影响。在连续速度控制模式中，列车的运行间隔距离各有不同，有助于提高运行效率。同时其所具有的一次性制动的性能也与列车实际制动方式相吻合。目前，我国以及其他各国的高速铁路列控系统都采用的是连续速度距离模式控制方式。

6.6　中国城轨交通信号系统

6.6.1　城市轨道交通信号的结构

城市轨道交通信号系统，一般被分为两大部分：列车自动控制系统（ATC）和联锁系统（IS）。

如图 6-19 所示：其中列车自动控制系统（Automatic Train Control System，ATC）系统，由列车自动防护子系统（Automatic Train Protection System，ATP）、列车自动驾驶子系统（Automatic Train Operation System，ATO）、列车自动监控子系统（Automatic Train Supervision System，ATS）共同组成，为集行车调度指挥、控制和现代化运输管理一体的综合自动化系统，它可以协调各系统、有关部门之间的工作，最大限度提高各系统的潜在效能，使全线的运输安全、高效、平稳，实现运输管理的现代化。

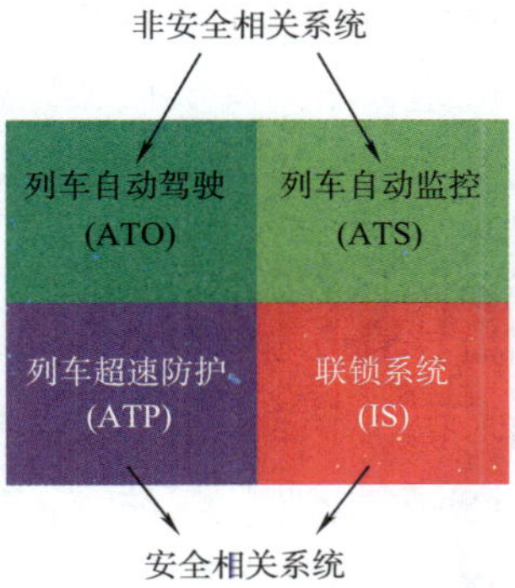

图 6-19 城市轨道交通信号系统组成

如图 6-19 所示，与安全相关的系统（安全苛求系统）是 ATP 以及 IS（Interlocking System）系统，而 ATS 与 ATO 系统属于非安全相关的系统。以上 4 个子系统之间有高速的数据通道进行数据交换，使得整个系统的运行高效、有条不紊。

6.6.2 城轨交通 ATC 系统组成

（1）列车超速防护控制系统（ATP）

列车自动防护系统（Automatic Train Protection，简称 ATP）是保证列车行车安全、防止列车进入前方列车占用区段和防止超速运行的信号控制系统，可增加列车运行密度、缩小运行间隔和保证列车行车安全。

ATP 系统是 ATC 的基本环节，是保证运行安全的系统，必须满足故障—安全原则。

ATP 车载设备一般包括：ATP 处理设备、速度测量设备和数据接收设备、车辆接口、人机操作设备（MMI）。ATP 车载设备根据地面传送的数据与预先储存的列车数据计算出列车行驶时最大允许速度，将此速度与来自自身测量的列车实际速度相比较，超过最大允许最大速度时，向司机报警或者启动制动设备。MMI 设备为司机提供驾驶提示以及显示操作接口，其包括司机显示功能以及司机外部接口两个子功能。司机显示功能包括：实际列车速度、最大允许速度、目标距离、目标速度以及列车运行状态等等。司机外部接口包括释放驾驶室设备、允许按钮、车门释放按钮以及确认按钮。

ATP 地面设备负责列车安全间隔的计算和报文的生成，完成对列车安全运行行使权限的发布和报文的准备，这些报文包括安全、非安全和信号信息等。为了保证系统其安全性，ATP 车载设备与地面设备一般采用冗余结构的安全计算机平台。

（2）自动监控系统（ATS）

在 ATC 的各个子系统中，ATS 起着组织和指挥的重要作用。因此，ATS 系统的体系结构设计应能保证具有足够的安全性、稳定性，同时具有实时性和可操作性。

为了满足上述要求，ATS 系统采用分布式的网络系统，由运营控制中心子系统、车站子系统、车辆段子系统和连接各业务子系统的网络子系统构成。为了保证 ATS 系统的高可用性与高可靠性，关键设备均采用双机热备或集群方式的冗余配置。

（3）列车自动驾驶控制系统（ATO）

在城市轨道交通中，应具备发展 ATO 系统的条件。ATO 系统能够对列车加速和减速模式进行自动修正，以达到性能和能量消耗的最优化。更多可预测的功能使时刻表更加紧凑，能量消耗最优化，运营成本更低并且使乘客舒适度达到最佳。

列车自动驾驶控制系统（以下简称 ATO 系统）是指将列车驾驶员执行的工作完全自动化、对列车运行进行高度集中控制，为了保证安全，采用在 ATP 系统的保护下，根据 ATS 的指令实现列车运行的自动驾驶、速度的自动调整、列车车门控制等。

6.6.3 CBTC 技术

随着信息技术发展，轨道交通列车自动控制系统的发生了根本变化，逐渐由基于轨道电路的列车自动控制传统向基于通信的列车控制（CBTC：Communication Based Train Control）方向发展，从 2004 年底至今，我国所有建设或改造的线路全部采用 CBTC 技术。

CBTC 系统摆脱了用地面轨道电路设备判别列车占用和信息传输的束缚，实现了移动闭塞。CBTC 系统充分利用通信传输手段，实时或定时地进行列车与地面间的双向通信，后续列车可以实时了解前方列车运行情况，通过计算，后续列车生成最佳速度距离曲线，从而提高了区间通行能力，减少了频繁减速制动，改善了旅客乘车舒适度，地面可以及时地向车载控制设备传递车辆运行前方线路限速情况，指导列车按线路限制条件运行，保证列车运行安全性。

基于无线通信的列车运行控制系统 CBTC（Communication Based Train Control）。CBTC 系统是一个连续数据传输的自动控制系统，利用高精度的列车自身定位系统，实现双向连续、大容量的车—地通信，能够执行列车自动防护（ATP）、列车自动运行（ATO）以及列车自动监控（ATS）功能。

ATP 地面设备 ZC 将根据前车的位置信息和线路障碍物的状态信息以及联锁设备状况为后车计算移动授权（Movement Authority，简称 MA）。MA 是后车安全行驶至下一个停车位置所需的一个正式授权以实现列车的安全间隔控制。列车安全间隔距离是根据最大允许车速、当前停车点位置、线路等信息计算得出，信息被动态循环刷新。CBTC 系统的车载控制设备实时比较列车的实际速度与接收到的 MA，当列车实际速度超过 MA 的限制速度，将自动实施常用制动或紧急制动，保证列车安全停在安全点前。CBTC 系统的地一车信息传输系统通常有无线传输方式和点式传输方式，一般的，无线传输系统可提供连续的数据传输，而点式传输方式则通过固定的应答器提供数据传输，列车必须对自身位置和运行方向进行精确判定。为判定位置，列车的 ATP 车载设备中转速计/雷达/加速度计（用于测量距离、速度和加速度）及轨旁定位应答器共同合作，实现列车的精确定位。CBTC 原理示意图如图 6-20 所示。

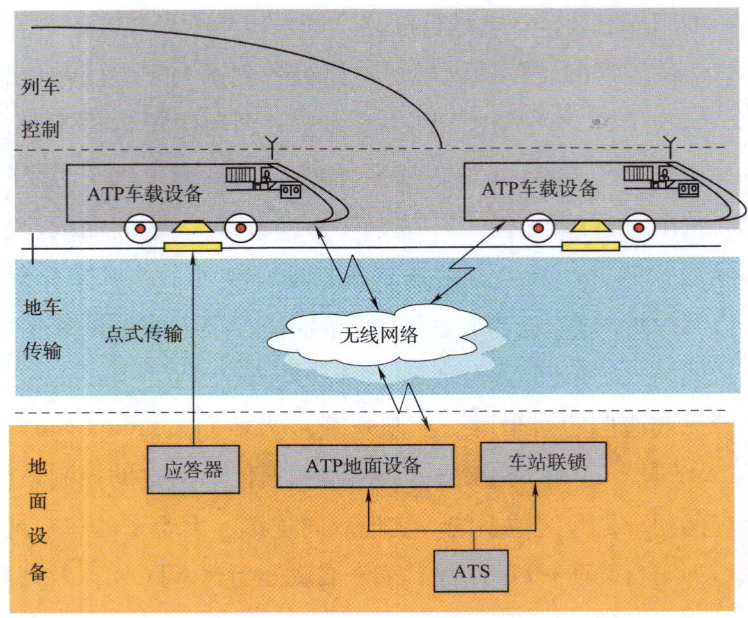

图 6-20　CBTC 原理示意图

6.7　中国高速铁路列控系统

高速铁路列车运行控制系统需要面临更为高速度、高密度的行车控制。因此，其较既有系统发生了较大功能改进和技术提升，而对于高速铁路信号系统中的联锁系统与调度集中系统原理和组成与既有线路基本相同，因此，本小节主要介绍中国的高速铁路列车运行控制系统。

为确保高速铁路列车运行安全和提高运输效率，迫切需要装备性能先进、安全可靠的列车运行控制系统。列车运行控制系统经过十几年的发展，已经具备一定基础，但现有的基础和技术装备还不能满足中国高速铁路的发展需求，为适应中国铁路运输安全、快速和服务需求，增强市场竞争力，中国提出了：发展适于中国国情的列车运行控制系统，在铁路交通上参照欧洲列车运行控制系统（Europe Train Control System，简称 ETCS）发展中国的列车运行控制系统（China

Train Control System，简称 CTCS)。

2002 年我国原铁道部在研究国外典型铁路列车运行控制系统技术体系和关键技术应用的基础上，本着设备兼容、互联互通和技术发展的原则，确定了发展高速、先进、适用和可持续发展的中国铁路列车运行控制系统（Chinese Train Control System 以下简称 CTCS）的战略目标。2003 年在 UIC 北京年会上宣布 CTCS 的基本架构和分级。2004 年颁布了《CTCS 技术规范总则》，确定了 CTCS 的总体技术框架，总则发布了 CTCS-0 级到 CTCS-4 级共 5 个等级的系统框架。

2007 年 CTCS-2 级列控系统在全路第六次大面积提速中成功实施应用。依托武广和郑西等高速铁路建设项目，CTCS-3 级列控系统的创新研发工作逐步开展，陆续颁布了 CTCS-3 系统总体技术方案、应答器应用原则、测试案例、系统评估办法等系列标准规范，建成了 CTCS-3 级仿真测试实验室，实现了 RBC 和车载等关键设备的国产化，创建了具有自主知识产权的 CTCS-3 列控系统技术标准体系和技术平台。

自 2009 年 12 月开始，武广高速铁路的正式通车标志着我国最先进列控技术的 CTCS-3 级列控系统正式开通运营，随后开通的郑西高速铁路、沪宁城际高铁、京沪高速铁路等也都采用了 CTCS-3 级列控系统。

（1）CTCS 的分级

中国铁路在深厚的积累与沉淀的基础上，通过精心的准备和详细的论证，充分考虑到中国铁路现有的技术装备条件和未来的发展趋势，形成了具有中国特色的列车运行控制系统 CTCS。

CTCS 列控系统应用等级就必须从两个层面来反映：既要兼容现有的铁路信号制式，实现跨线运行，又要着眼于中国高速铁路列控技术的发展方向。由此中国铁路把 CTCS 列控系统划分为了 5 个应用等级，即 0～4 级，其中 CTCS 系统对既有线的兼容能力是通过 0 级和 1 级来反映的，我国高速铁路设置了两个等级，即 250 km/h 等级以及 350 km/h 等级，其分别对应的列车运行控制系统为 CTCS-2 级与 CTCS-3 级，而最终列车运行控制的发展方向将是能够发挥线路最大通行效率并且实现移动闭塞的 CTCS-4 级列控系统。CTCS 高速列控系统均可实现向下兼容。

（2）CTCS-2 级列控系统

CTCS-2 级是基于轨道电路信息和应答器信息的点连式的列车控制系统，能为运行速度在 200 km/h 及以上的动车组提供完整的列车超速防护功能，保证列车运行安全并提供最优的运输能力。CTCS-2 级列控系统分车载设备和地面设备两部分。其中列控车载子系统分为车载安全计算机、轨道电路接收、司机操作界面、测速单元、应答器天线、轨道电路天线等一系列设备，车载设备采用高可靠的安全计算机平台，根据地面设备提供的信号动态信息、线路静态参数、临时限速信息及有关动车组数据，生成控制速度和目标距离模式曲线，控制列车运行，超速时，通过继电接口对列车的制动系统发出制动控制指令。同时，记录单元对列控系统有关数据及操作状态信息实时动态记录。地面设备包括 CTC（调度集中系统）、联锁系统、列控中心、轨道电路以及 LEU（轨旁电子单元）和应答器。CTCS-2 级系统地面设备中，LEU（轨旁电子单元）、应答器，都是新增设备。如图 6-21 所示CTCS-2级的系统结构图。

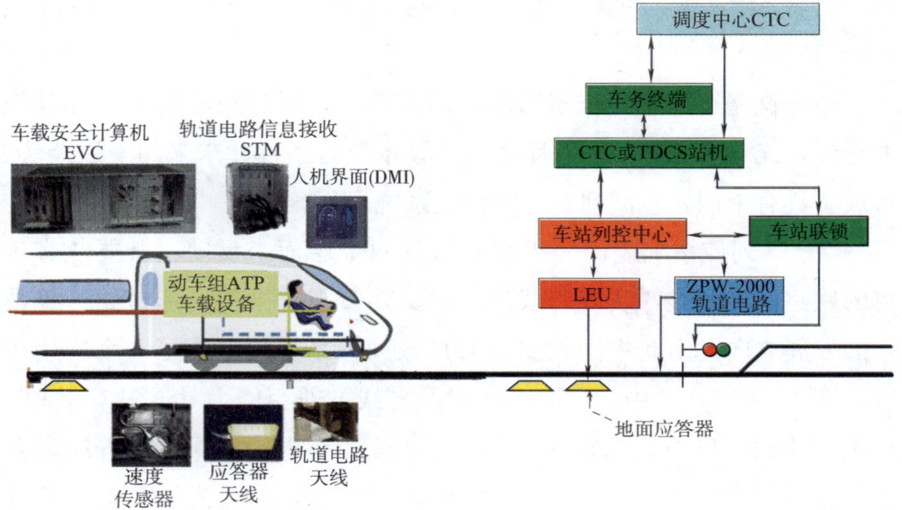

图 6-21　CTCS-2 级系统构成图

CTCS-2 级首次采用目标距离—速度控制模式，其采取的制动模式为连续式一次制动速度控制的方式。行车许可通过轨道电路传输，线路信息由点式应答器传输，并且与列车本身的性能确定列车制动曲线，生成控制速度和目标距离模式曲线，控制列车运行，一旦列车速度过高，列控系统将通过制动指令控制列车速度。CTCS-2级列控系统控车示意图如图 6-22 所示。

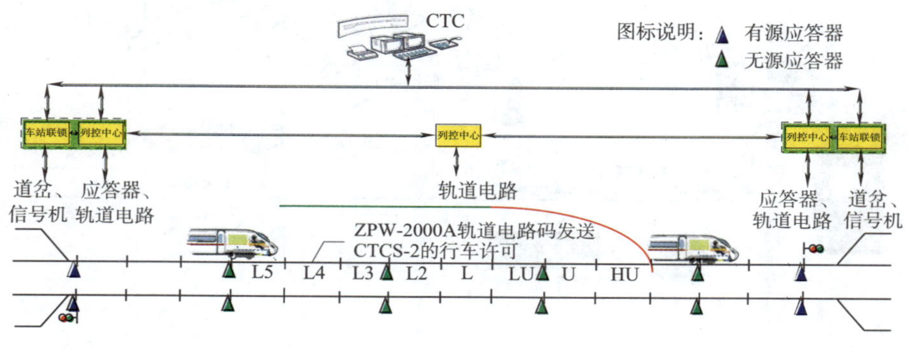

图 6-22 CTCS-2 级动车组运行示意图

(3) CTCS-3 级列控系统

为了适应时速 300～350 km 列车的运行控制，我国提出了 CTCS-3 级列控系统。这套系统与以往列控系统的最大区别在于其采用 GSM-R 无线通信系统传输车地间的行车信息，实现了车地间双向、实时、大容量的信息传输，彻底改变了车地间信息的传输模式。

CTCS-3 级系统结构可以参看图 6-23，系统由地面子系统和车载子系统组成，车载子系统由车载安全计算机、测速定位单元、无线通信 GSM-R 车载终端、人机交互接口、轨道电路信息接收模块，应答器天线等组成，主要完成对地面设备所发送信息的综合处理，生成目标距离模式曲线，指导并监督司机的驾驶。地面子系统由无线闭塞中心 (Radio Block Center，RBC)、GSM-R 地面设备、点式设备和轨道电路、联锁设备、调度集中设备以及列控中心设备等组成。其中 RBC 通过无线通信实现列车运行间隔控制，它根据列车占用情况及进路信息向其管辖区域列车发出行车信息和列车控制信息，应答器主要提供列车定位校正信息，而轨道电路主要用于列车占用检测及完整性检查。

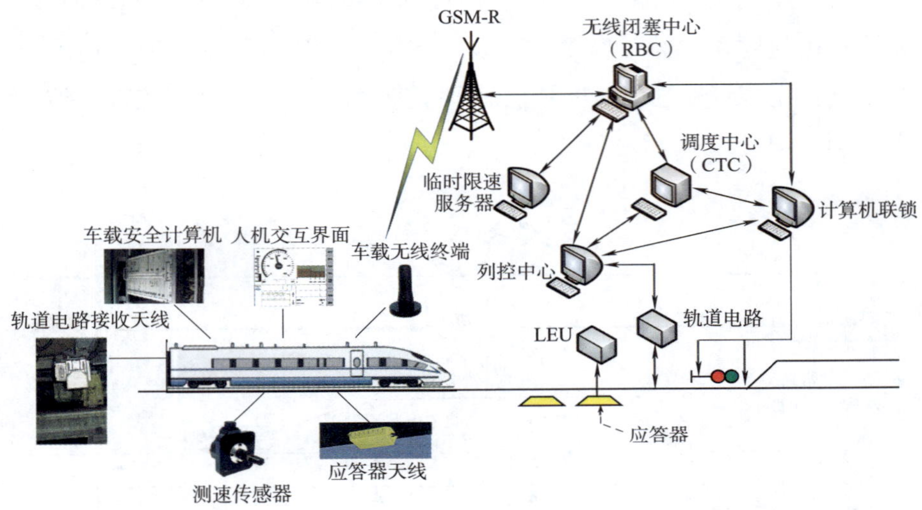

图 6-23　CTCS-3 级系统的示意图

为实现 GSM-R 无线网络能够实时、可靠地传递 CTCS-3 级列控系统的控车数据，我国应用了冗余双网覆盖的方式来保证无线通信系统的可靠性，图 6-24 展示了一种交织站址冗余覆盖的图，每一个基站的覆盖范围（无线场强），都能够覆盖到与相隔基站地方，如图即使 2 号基站发生故障，两侧的 1 和 3 基站可以形成接力覆盖，保证列车的车载终端“永远在线”。

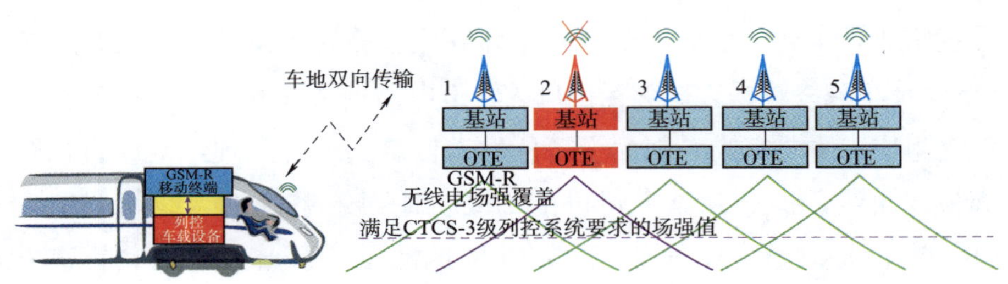

图 6-24　交织站址冗余覆盖系统示意图